日本人の背中
欧米人はどこに惹かれ、何に驚くのか

井形慶子

はじめに

Prologue

情報誌の編集と本の執筆を仕事にする私は、撮影や取材で年に数回海外に出ますが、現地では、耳にタコができるほど繰り返し「Are you Chinese ?」（中国人か）と尋ねられます。

欧米人には日本人、中国人、韓国人など、黒髪・黒い目のアジア人は区別がつかないのでしょう。最多は中国人、次点で韓国人、まれにマレーシア人かと聞かれることもあります。

そこで私が「ノー・アイ・アム・ジャパニーズ」と答えると、相手は一瞬「ほう」という顔をし、その表情にはみるみる一種の安堵《あんど》感のようなものが漂うのです。

ずいぶん前になりますが、フランクフルト国際空港で、派手なケンカをしているドイツ人の中年夫婦に遭遇しました。見ていると、カンカンに怒った妻は大荷物を夫に押しつけたまま走り去っていったのです。夫は追いかけるにも山のような荷物があり、「〇〇〇！」と妻の名を絶叫し、両手を上げて立ちすくんでいました。

気の毒に思った私は、「少しだけなら、荷物を見てましょうか」と声をかけました。すると途方に暮れていたそのドイツ人の夫は、こちらの申し出に警戒心をあらわにし、後ずさりするのです。私は彼を安心させようと、手に持っていたパスポートを見せ、怪しい者ではないと示しました。それを見た彼は青い目を見開き、「ヤパーナリン、ヤパーナリン」（日本人だ）と繰り返し、私に腕時計を見せるや「五分で戻る」と妻を捜しに走っていったのです。

見ず知らずの私に荷物を任せようと思ったのは、日本のパスポートが決め手でした。

このように、海外に出ると日本人であるがゆえに割高な料金をふっかけられることもありますが、その一方で簡単に信用されるということもあります。

不況とはいいつつ日本は経済大国です。戦後の焼け野原からポータブルラジオを作り出して奇跡的に国を復興させ、エコノミックアニマルと揶揄《やゆ》されつつもその偉業を世界に知らしめました。

国民性もそうです。

まじめ、清潔、勤勉とされる日本人は、アメックスカードのように海外で信用が高く、留学生ですらホームステイさせたいナンバーワンという評価をされています。かつてオーストラリアのブリスベンでは、「日本人学生以外お断り」と、受け入れ家庭がこぞって日本人を指定したほどでした。

ロンドンでも日用品や食品を扱う商店主から「日本人留学生をアルバイトに欲しい」と何度頼まれたことでしょう。計算に強くルールを守る。親の躾《しつけ》がいいから万引きなど絶対しない。雑貨屋を経営するインド人や、子守りの欲しいユダヤ人、彼らは口をそろえて「一度日本人を雇ったら、他の国の学生は使えない」とほめたたえます。

これは広い意味で、内ヅラと外ヅラを使い分ける日本人の器用な面が、海外で花開いた結果ともとれますが、日本人が経済力のみならず、海外で一定の信頼を得てきたことは事実です。

一九八〇年代後半に入ってバブル経済が始まると、海外では日本人というだけで羨望《せんぼう》のまなざしを向けられ、質問攻めにあいました。

「日本人はなぜ毎朝、人を押し込む殺人電車に乗ってカイシャに行くのか」

「東京はウサギ小屋のような家が一億円もすると聞いたが、みんな金持ちなのか」

私は聞かれたことに丁寧に答えながら、心の中では、外国人に理解できなくても日本には右肩上がりの経済力がある、それを追い風に日本はこれからもうまくいくと、自信満々でした。

当時私は、日本に住む外国人向けの情報紙を創刊したばかりでした。まだ二十代半ばでしたから、「日本人と外国人が、日本語でわかり合える新聞を作りたい」と真剣に考えていたのです。創刊号は印刷費五万円で刷った四ページのタブロイド。チラシのような新聞でした。

記事のコンセプトは、外国人の視点から見た日本文化や生活習慣を、彼らの疑問に答える形で紹介していくというもの。「聖子現象」「右翼の宣伝車って何?」など、外国人が日本社会に抱いている疑問を手当たり次第に解説していく地味なものでした。

ところが、わずか四号目を出したころから、新宿の編集部にインタビューの申し込みが相次ぎました。

折しも時代は円高。一ドルは百円を大きく割り、空前の輸入差益拡大が続いていた日本経済は、世界を独走していました。金余り日本、とりわけ景気のいい東京には出稼ぎ外国人が増えつづけ、日本語ブームが過熱していました。外国人にわかりづらい日本人の習慣や社会そのものを紹介した新聞は、国際化の波に乗ったタイムリーな媒体と評価されたのです。

意外なことに、新聞、テレビでこの新聞が紹介されるや、日本人の購読希望者が殺到。巷《ちまた》で「国際化が始まる」「グローバリゼーションに乗り遅れるな」と言われていても、大部分の日本人はいったい何が始まろうとしているのかわからなかったのでしょう。そこで外国人から見た日本を紹介する媒体を手引きに、日本や日本人の別な一面を知ろうとしたのです。

外国人と接触して己を知る——バブル景気で浮かれているように見えた日本人は、置いてきぼりにならないよう、しだいに刺激的な海外の生活文化に強い関心を示しはじめました。

一方、都内の公園ではイラン、イラクからの出稼ぎ労働者があふれんばかりにたむろするようになりました。彼らの同胞を求めるものすごいエネルギーは、日本人とは別の強さがありました。稼ぐために必死で働く彼らは、世界中どこに行っても雑草のように民族で団結して、たくましく生き抜いてきたのでしょう。

その屈強さがどこから来るのか、私たち日本人は、彼らとどう折り合うかばかりに気をとられ、大切なことを見落としてしまったのです。

イギリスのヒースロー空港での入国審査の出来事は、今も忘れられません。私の前で入国審査を受けていた日本人ビジネスマンがいました。ねずみ色のスーツを着たその男性は、「帰りの切符を見せなさい」「この国で働くつもりはないのか」とイギリス人係官にくどくど聞かれ、「ノー！　アイ・ハブ・リッチジョブ！」とついに声を荒らげたのです。

「一ポンド百六十円足らずの円高、経済的にうまみのないイギリスで、俺がコソコソ働くはずないじゃないか。イギリス人は生活水準だって低いのに」

入管の職員に尋問されて苛立《いらだ》つ彼は、後に続く私に同意を求めるようにささやきました。私にも彼の気持ちはよくわかりました。私たちには経済力がある。ジャパン・アズ・ナンバーワンというプライドは、私の中にもあったからです。

ところが、国の好景気に裏づけされた妙な自信は、円安になるとたちまち崩れていきました。そのころは成田空港で日本円をポンドに両替するたび、大損したようなみじめな気分になりました。円高だったころの甘い汁を堪能《たんのう》してきただけに、そのギャップにたじろいだのです。

経済ばかりではありません。

バブル崩壊後、日本社会は健全なエネルギーを失い低迷しています。舵《かじ》を失った私たちにとって、かつての自信に満ちた生活はもはやお伽《とぎ》話《ばなし》。多くの人々が日本の社会や自分の人生にずっと不安を抱いているのです。

まじめに払った年金は、老後の足しになるどころかどこかに消え、年金をもらい損ねた人は、申請をしなければ一方的に時効扱いにされる始末。頓挫《とんざ》する首相、自殺する大臣。薬品から年金、老舗《しにせ》まで、日本はルーズと偽装が蔓延《まんえん》するとんでもない国になってしまったのです。

今、このような日本で、しきたりや品格を含め、私たち日本人が本来もっていたはずの尊さや底力というものを見直したいという動きが広まっています。

戦後、総中流をめざし、それを実際に成し遂げた偉業こそ、家族国家である日本の底力となっていました。けれど、アメリカ型の勝ち負け主義によって格差や過度な競争が生まれ、これまでの自信が揺らいで、世の中全体がちぐはぐになってしまったのです。

現在、世界の上位二百人の金持ちが、世界の人口六十八億人中、底辺から数えて四十億人分の資産をもつといわれています。国際スタンダードとは、英語と米ドルが国際基準であるというアメリカ型の押しつけにほかならず、貧富の差を拡大させました。

日本のように独自の生活観、理念で動いてきたイスラム社会のアメリカに対する反発も、平たくいえば世界中の人がM&A、すなわち企業買収に興味を示し、マクドナルドを喜んで食べるわけではないというところから起きているのです。

私は、世界の人が購読してきた新聞の編集長を務め、イギリスを始め各国を旅し、取材したおかげで、「欧米人は日本人をどう見ているのか」を絶えず確認することができました。現在、イギリスから日本を見つめる情報誌『ミスター・パートナー』を発行したり、イギリスにまつわる本を書いているのも、「外から日本を見る」ことで、見えなくなった日本の価値を探りたいという切なる思いからです。

日本人――Japanese には確固たるイメージがあります。

SONYを生み、HONDAを育てた、勤勉でまじめ、ねばり強い日本人というイメージは、当たり前ですが私たちの先代が築いてきた骨格なのです。けれど今のような時代にあっては、自分の目でそれを確認することは困難です。

そこで本書では外国人、とりわけ欧米人が認める日本人のよき暮らし、そして生き方を紹介していきます。

彼らから、私たち日本人の「背中」はどう見えているのでしょうか。私たち自身からは見ることのできない、その後ろ姿を少しでもお伝えできればと思います。

意外な一面に気づき、それを見直すことで、私たちは社会情勢や経済力に振り回されない、自信ある幸せな生き方を、再び取り戻すことができるのではないでしょうか。

目次

Contents

はじめに　3

第1章
欧米人のうらやむ日本

欧米人が絶賛する日本の風呂　23
日本食は究極のヘルシーフード　31
なぜ彼らは居酒屋にハマるのか？　37
「わび・さび」文化に魅せられる欧米人　42
「オタク」と「マンガ」に世界が注目　50
日本人も知らない神秘の日本　57

第2章
欧米人の不思議がる日本

働き者なのにビジネスができない　67
男性天国に見えて、じつはかかあ天下　74
マスクの下の素顔が見えない　81
長いものに巻かれると急に強くなる　89
アジア人なのに気分は欧米人　97
金持ちなのにブランドに弱い　104

第3章

自信のもてない日本人

英語ができなくても国際人になれる 115
言葉に出さずに心を読む「和」の会話 124
個性を根絶やしにする社会 133
なぜ国際社会のマナーに慣れないのか 141
海外文化の憧れからなかなか抜け出せない 147

第4章

日本人が尊敬されるために

対等に意見を言える人が尊敬される　157
評価が高まった日本人の旅行マナー　165
「恥じらい」「遠慮」は美徳にはならない　174
語学力よりユーモアのセンスを磨く　180
日本人のサークルに閉じこもらない　187
自国の文化と歴史を知る　193

第5章

これからどうなる日本人

お金より大切なサムライ文化の心意気　205
命を粗末にせず、確固たる生き甲斐をもとう　212
お金だけが幸せでないことを再確認する　218
友人づきあいのような親子関係を築く　226
金と人だけを出す「便利な国」にならない　233
外国に住む日本人はどう考えているか　240
おわりに　251
文庫あとがき　259
解説　椙岡俊一　265

日本人の背中

欧米人はどこに惹かれ、
何に驚くのか

Japanese behind the scenes

•

What aspects of
Japanese culture impress
Westerners?

第1章

欧米人のうらやむ日本

Japan that Westerners envy

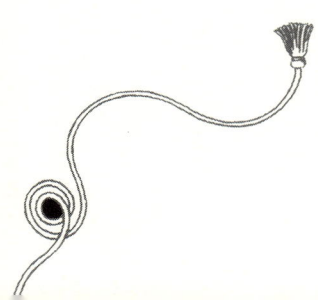

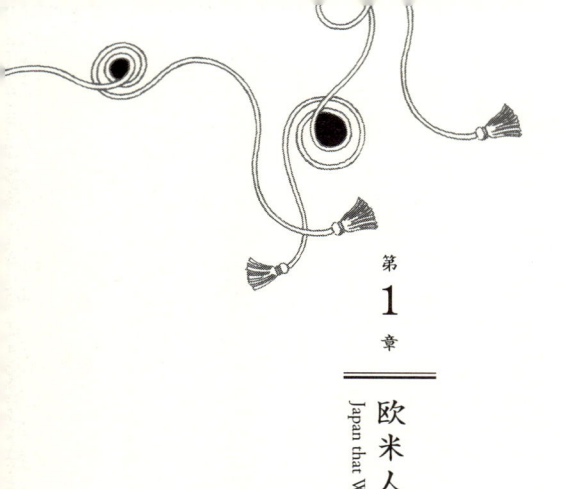

欧米人が絶賛する日本の風呂

Admired Japanese bathing practices

ひたすら西洋を仰ぎ見て、日々の暮らしを進歩させてきた私たちですが、日本人が取るに足らない普通のことだと思っている暮らしぶりを、欧米人は高く評価しています。

まず、家族がとても仲がいいという点。私たちは日本の家族を、孤立化が進み関係が希薄だと感じています。ところが外国人からすれば、結婚して所帯をもっても、結婚式やお盆、お正月に寄り合う、私たちにとっては時に煩わしいと感じる身内のつきあい方が、家族国家といわれる日本独特の温かさに映るのです。

欧米の家族といえば、まず夫婦が中心、子どもは二番目となり、子どもも交えた一家団欒《だんらん》より、夫婦で出かけることが優先です。日本に滞在する欧米人の中には、こんな割り切った親子関係を寂しいと感じ、週末や年末年始に一家総出でファミレスご飯を楽しんでいる日本人の暮らしぶりを、うらやましく思っている人もじつは多いのです。

この家族のぬくもりを実感できる日本の風呂は、その最たるものです。

日本に暮らすあるイギリス人は、子どもたちと一緒に湯船につかれる日本式風呂の素晴らしさを、イギリスに帰るたび、ことあるごとに家族や友人に話すそうです。すると、話を聞いた人は「最後に入る人は、石けんカスが浮かんだ汚水のようなお湯に体を沈めるのか」と目をむくそうです。

これは欧米式のお風呂が、各自バスタブの中で髪や体を洗って一人ずつお湯を使い切るタイプだからです。なるほど、家族全員がたまり湯の中で次々に体を洗ったら、最後の人は入れたものではありません。

ちなみにイギリスに行かれた読者の方々からも、あの風呂だけはなじめないとずいぶん聞かされました。

また、欧米人には毎日入浴する習慣がなく、基本的にはシャワーを浴びます。これは日本のように水量の多い国は珍しく、イギリスをはじめアメリカ、オーストラリアなど海外の人々は、水を節約する習慣があるからです。

ヴィクトリア時代を舞台にした映画『ジェーン・エア』などには、チェストの上に置かれた陶製のピッチャーから洗面器に水を注ぎ、その中で顔や首まわりなどを洗うシーンが出てきます。

現代でも彼らのバスタイムは、シャワーを浴びて汗を流し、「洗う」ことが優先ですから、毎日風呂につかってリラックスしようという発想はないのです。まして、ここが親と子の絶好のスキンシップの場だとは思いつかないでしょう。

だからでしょうか。前出のイギリス人が、洗い場と浴槽に分かれた日本の風呂事情を詳しく説明し「毎日子どもに背中を流してもらうんだ」と自慢すると、大半のイギリス人が、「日本の風呂がうらやましい」と感動するそうです。

最近、日本で増えている温泉を利用した公衆浴場、いわゆる日帰り温泉施設は、一日一軒閉鎖されるといわれる銭湯に反してその数を増やしています。二〇〇四年度末には全国で七千軒を突破し、二〇〇五年に発表の財団法人日本交通公社の調査によると、温泉は観光、グルメ旅行を抑え、一貫して旅行部門で一位の座を占めているというのです。

おもしろいのは、最近そういった大都市周辺の日帰り温泉に外国人がやってくるようになったことです。

私は以前、日本文化に大変興味をもつイギリス人の研究者グループを那須《なす》に案内しました。そこで「オンセン、リョカン」とはしゃいでいた彼らが、人前で服を脱いで入浴する旅館の大浴場を前に、ひどく戸惑い、嫌悪感をあらわにしたことを覚えています。

「他人の前で裸になれない」と尻込《しりご》みする彼らに、夜遅くなら他の客は来ないはずだからと説得し、深夜一時過ぎに誰もいない露天風呂に入ってもらいました。プールのように広い河原の露天風呂で、渓流の音を聞きつつ泳いだ彼らは「すごく気持ちいい。日本人がなぜ温泉を愛するのか、入ってみて初めてわかった。まるで渓谷を泳ぐ川魚になったようだ」と興奮していました。

このような欧米人が温泉も含め、家族で入ることのできる日本の風呂を絶賛するのには、もう一つ理由があります。

以前、アメリカで五歳の娘が父親とバスタブにつかっている場面に出くわした別居中の妻が、「彼は異常だ」と騒ぎ、警察に届け出たという話を聞きました。驚くのは、これを受けた地元裁判所が「彼は性的欠陥がある」という妻の指摘を真に受け、娘と風呂に入ることを禁じる判決を出したことです。

父娘の入浴を、まるでロリコンと決めつけんばかりのこの結末には仰天しましたが、風呂をコミュニケーションの場と考えない欧米ではありうる話でしょう。

私たちからすれば親子で風呂に入るのも、四角いこたつを囲んで一つの布団にくるまるように暖まりつつテレビを見るのも、心身共に安らぐくつろぎのとき。たいして変わりはありません。小さな家で家族がつねに一緒に行動する日本の生活習慣は、以前より希薄になってきたものの、欧米人がうらやむ日本ならではのよき暮らしぶりなのです。

だだっ広いリビングのソファに腰掛け、一斉にテレビの方向を見てめいめいの思いに浸る〝ハウス〟がただの住む場所だとすれば、〝ホーム〟は同じ経験を共有できる空間です。日本人のお茶の間は、欧米の個人主義を土台にした住まいとは、そもそも出発点が違うのです。家族の体温までも共有しようとする日本の家には、日本ならではの価値があるのです。

地域社会のあり方も同様です。

「向こう三軒両隣」という地域密着型のつきあいは消滅したものの、日本津々浦々、網の目のようにある交番――ＫＯＢＡＮは安全な国・日本の象徴であり、世界各国の関係者が視察に訪れます。落とし物を受け取ったり、道案内に一役買ってくれるなど、交番はホームドクターと同じように、よろず相談所の役割を担《にな》っているのです。

残念ながら最近では警察官の不足から無人交番も増え、住民のための防犯活動は追いつかない状況です。けれど、イギリスでほうぼうの街を取材していて道に迷ったときなど、ここに交番があればどんなに便利だろうと思ったことがしばしばありました。

近年、飲酒運転による重大事故が多発し取り締まりが厳しくなったため、運転中はパトカーや警察官を見ると条件反射で避けてしまいがちですが、外国人の目には、地域密着のおまわりさんは安全のシンボルに映るようです。

共生して生きる日本人の助け合い精神は、地域の暮らしにも見られます。東京都下では住宅地を走る公共百円バスが広がりを見せています。幹線道路を走る大型乗り合いバスに替わって、幹線道路のバス停まで歩けないお年寄りや子どもたちなど、地域住民の足代わりになるこの小型バスは、コミュニティバスとして大変な人気です。

東京武蔵野市を走る元祖コミュニティバス「ムーバス」では、突然の雨に備え乗客に傘の貸し出しを行うなど、地元民を優先するさまざまなアイデアを実行してきました。

このムーバスは一九九五年に運行開始され、痴漢や誘拐、暴力行為など、犯罪の危険にさらされそうになった地域の子どもや女性のための、一時避難場所の役目も担ってきたそうです。

人通りの少ない住宅地をグルグル巡回するバスの運転手は、放っておいたらまずいと思えば、乗客の協力を得て大人子どもにかかわらず保護することができるのです。このような画期的な発想に、地元に住む外国人の母親たちはいたく感動していました。危ないと思えばバス停以外でも、手をあげバスを止めることができ、被害者を車内に保護した運転手によって、ただちに無線で警察に通報してもらえるのです。

自分の子どもは自分で守るという欧米式個人主義の考えからすれば、幼稚園や小学校の送り迎えも親が自ら責任をもたなくてはなりません。けれど、どこかで困っている人を助けたい、誰かの役に立ちたいと思っている日本人の互助精神は、こうして今も私たちの暮らしに根づいているのです。

日本に来た欧米人は、ゴミが落ちていない街の清潔さに感嘆し、日本人の秩序をほめたたえます。日本人の倫理観が破壊され、暮らし向きが荒廃したといわれて久しいですが、イギリスやアメリカなどの先進国には、まるでゴミ捨て場ではないかと思えるような住宅地もあり、そのような地区では着古した下着から窓ガラスの割れた自動車までが道に放り出されているのです。

欧米人の視点から日本をのぞくと、私たちのふだんの暮らしの中に「親子関係」「秩序」「助け合い」など、家族国家ならではの素晴らしい価値が残っていることに気づくのです。

日本食は究極のヘルシーフード

Japanese foods : The ultimate health food

外国に出ると、私はがぜん和食が恋しくなります。ミシュランクラスの高級フレンチであれ、日本人になじみの深い中華料理やイタリアンであれ、連日続くと胃がもたれ、焼きのりに炊きたてご飯、煮物や豆腐が食べたくなるのです。

二十年前は、ロンドンやニューヨークで和食に近いものを食べたいと思えば、チャイニーズレストランに出向き、お粥《かゆ》かご飯を注文し、それに持参したふりかけをかけて食べるしかありませんでした。ところが、この十年間で和食は世界的なブームとなり、各国で日本食レストランが次々とオープンしています。今や日本食は、外国人が最も食べたいと考えるフランス料理に次ぐ人気とか。

アメリカの日本食レストランは約九千店あるといわれており、一九九五年より十年間で二・五倍に増加。イギリスでも同様に日本食ブームを受けて二〇〇〇年からの五年で日本食レストランが三倍増と、今や和食ブームは世界的広がりを見せています。東南アジアや中東など世界各地でもヘルシーな日本食は注目され、日本食に関する意識調査で外国人の好きな日本食の第一位となった寿司は、サンドイッチと同格と思えるほどの人気で、各国はマグロを確保するのに必死です。

ロンドン中心部のある小さな二十四時間スーパーで、七年前に初めてパックのおにぎりセットを見つけたときには驚きました。ちょうど、クリスマスの七面鳥には食傷気味になっていたので、迷わず飛びついて買ったのです。ところが、その味は日本のコンビニのものとは比較にならないほどひどく、かぶりついただけでパサパサした米粒は崩れてしまいました。それでもハイカロリーな食べ物を拒もうとする胃袋にとっては、何にも代えがたいごちそうだったのです。

敗戦直後、耐乏生活を余儀なくされた日本では、当時の小学校の入学式の写真を見ると、必ず裸足《はだし》の生徒が交じっています。栄養不足のため皮膚病にかかっている子ども、カバンが買えず、ノートや本をヒモでくくって登校する子どもの家庭では、さつまいものツルやさつまいも粥、おからにカボチャを入れた質素な料理がごちそうでした。このような耐乏食が今ブームの低タンパク・低脂肪・低カロリーという健康食の基本となったのです。

ところが、日本でも所得倍増計画が発表され、経済が発展すると、今まで日本人が食べたこともないような肉・ハム・ソーセージによる食の欧米化が進みました。それ以降、がんや成人病などの健康被害が取り沙汰《ざた》されるようになったのです。そして今度は、若い女性から飛び火した過剰なダイエットブームが起こり、〝痩《や》せれば十歳若く見える〟を合言葉に、中高年層にも広がりました。

けれど、どれほどカロリーのとりすぎと騒いでも、私たちの太っているというレベルは欧米人の比ではありません。洋食主流とはいえ、朝から晩まで大量の脂肪分を胃袋に詰め込む欧米人の肥満事情はもっと深刻なものだからです。

三十年前、アメリカで始まったダイエットは、いまだブームの衰えを見せません。彼らは、私たちが二日と食べつづけられないようなフライドポテトや肉の塊を小さいころから食べつづけ、その量も大皿山盛り。ダイエットに励むより、食生活を見直さないことのほうが不思議でなりません。

ファストフードに代表される彼らのハイカロリーな食事を見ていると、アジアの食卓に比べて野菜の量が少なく、体内で蓄えた脂肪をどこで相殺《そうさい》し、血液をサラサラにしているのか、恐ろしいかぎりです。肥満問題はイギリスでも深刻な社会問題になっていると、イギリス人の医師が嘆いていました。

「イギリスでは太りすぎにより、炉を拡大しなければいけない火葬場が増え、棺桶《かんおけ》を運ぶ手押し車の買い換えも自治体で余儀なくされている。それら火葬場の改造費用によって、カウンシルタックス（地方税）は値上がり、国民の負担金が増大しているんだ」

炉を交換しなければならないとは、もはや小手先のダイエットでは追いつかない太り方です。ドラム缶体型の彼らは藁《わら》をもつかむ思いで、ヘルシーな日本食を取り入れようと思ったのかもしれません。

そんなイギリスでは知的階級の人ほど、年をとってもスリムな体型を維持するといわれ、富裕層は有機野菜を自宅庭の菜園で熱心に作って、肉食の悪習と手を切ろうとしています。

湖水地方の近くに住む裕福な一家は、わざわざ和食のレシピを日本から取り寄せ、それを専任の料理人に作らせていました。「今晩はデリシャスなディナーよ」と言うので期待したところ、オーブンから出てきたのはなんと豆腐と野菜のグリル。私は内心がっかりしましたが、夫婦はまるで上出来の七面鳥をほめたたえるように、豆腐はおいしいと語るのでした。

イギリスでは、横長の紙パックに入った森永乳業の海外版製品「TOFU」が、テスコ、セインズベリーなど大手スーパーマーケットを中心によく売れています。常温で賞味期限は三か月。価格も百六十円ほどで、遺伝子組み換えなしの大豆が原料、味もよしとあって、菜食主義でない人にも広く受け入れられています。日本では、全国に一万五千軒あった豆腐屋のうち、毎年五百軒もが値下げ競争の末に廃業しているのに、何とも皮肉なことです。

BBCでは、料理サイトを通じて豆腐の解説や「テリヤキ豆腐」などのレシピも公開しています。海外の日本料理は懐石やすき焼きなど、どこか高級で敷居が高いイメージがあり、それが中華料理のように和食が広く浸透しなかった理由ではと思います。けれど、今注目されている回転寿司や豆腐は、庶民の暮らしにはぐくまれた食べ物です。それが着実に海外で市民権を得るとは、何と頼もしく嬉《うれ》しいことでしょう。

デイリー・エクスプレス紙に「がんを抑制する驚異の豆」と紹介されたビールの友、枝豆も人気が上昇し、ロンドンで一番人気の日本食レストランでは、枝豆の注文量がこの十年間で二十倍になったと聞き、驚きました。フライドポテトなど、揚げ物がやたら多いイギリス人の味覚に影響を与えたのです。

日本人のふだんの暮らしには、欧米にはないたくさんの誇るべきところがありますが、和食はその最たるものです。ここにきてスローライフやスローフードがブームになっていますが、わざわざ外来語に変換しなくても、わが国の料理は慎《つつ》ましやかでゆっくりとした日本人の生活に息づく、世界に誇る文化なのです。

なぜ彼らは居酒屋にハマるのか？

Why are they hooked on izakaya (Japanese style pubs)?

日本を訪れる外国人ツーリストは、安い料金で次々といろいろな和食が食べられるうえ、日本人と一体感がもてる居酒屋が大好きです。ロサンゼルスで数々の人気レストランを開業するフードコーディネーターは、新橋に並ぶガード下の焼き鳥屋をこよなく愛していました。安くて早いうえ、人情味あふれる焼き鳥屋に憩う背広姿のサラリーマンが、白黒の活動写真を見ているようでおもしろいというのです。

彼は年に一回必ず日本を訪れては、わざわざ土佐まで出向いて行きつけの居酒屋でカツオを食べ、築地の場外市場で新鮮なネタの寿司を堪能《たんのう》していました。いずれも安くておいしいうえ、アメリカにないノスタルジックな雰囲気に魅《ひ》かれるからだとか。

東京のある名物焼き鳥屋は、一九二八年の創業以来、ひなびた宿場さながらの木造建物が地元民を中心に人気を呼んでいましたが、老朽化する建物の寿命に打ち勝てず、商業ビルの一角に店を移すことになってしまいました。歴史を感じる古い店構えが、焼き鳥に独特の味わいを添えていたのに、とても残念です。

和食にはひなびた里山の風情を感じます。このような感覚は、日本人よりむしろ外国人のほうが強いのではないでしょうか。私たちが中国や台湾で見る暗い路地裏の怪し気な食堂に中華料理の源流を感じるように、飛驒《ひだ》高山・白川郷の合掌造りや温泉旅館の炉端、あるいは都心のガード下に連なる居酒屋に、和食の魂が宿っている気がします。

このように和食を中心として日本の暮らしに価値を見いだすと、いろいろなものが輝いてきます。

その一つが「市《いち》」でしょう。五世紀から始まったといわれる日本の市場の歴史は古く、飛鳥《あすか》の海石榴市《つばいち》など、貨幣が発行される前から交通の要所には、さまざまな市がいつの間にかできたそうです。日本全国には、東京都の五日市、千葉県の八日市場市、三重県の四日市市など、定期市にまつわる地名が今なお残っています。

そのような地名からもいにしえの日本情緒を感じるのですが、ここにきて注目されているのが農家の庭先の市。全国に広がる農産物直売所です。

一九九三年には各地の主要道路沿いに道の駅が登場し、その中の直売コーナーは観光客を引き寄せる目玉となりました。基準値を大幅に上回る残留農薬が中国産野菜から検出され、牛肉や鶏肉にまつわる偽装など、食への不安が日本社会に広がっていることも手伝っているのでしょう。

二〇〇七年に出版された『中国食品安全現状調査』によると、中国では偽食品が原因と見られる死者は毎年約四十万人にのぼり、中国十三億人の人民のうち、すでに約三億人が発病しているそうです。

急速な経済発展によって、無理やり利益を捻《ひね》り出そうとした中国。そんな隣国の歪《ひず》みに食の安全を考える人たちが増えたせいか、生産者の顔が見える産直品は、首都圏を中心に売り上げを伸ばし、なかには年間一千万稼ぎ出す産直品まで登場しました。

これは農家自らが、自分たちの手に流通を取り戻そうと努力した結果でもあります。大量生産、大量流通で勝負をかけるスーパーにはない、高い品質の食文化。「これどうやって食べるんですか」と聞くと、どの人もおいしい料理法を教えてくれます。

生産と生活をバラバラにした近代化に逆行するように、一九八〇年代ごろから首都圏では農家に稼いだ女性たちが、農家の手仕事といえる漬け物などの保存食を、農産物と一緒に作りはじめました。

彼女たちは見事に生産、生活、儲《もう》けを結びつけた食の立役者なのです。

この流れを受けて、生産者が地場産の取れたて野菜や海産物、みそ、まんじゅうなどの加工品を農家の庭先に並べたり、みなが持ち寄って店舗の代わりに販売する朝市などがますます盛り上がっています。

和食を愛するフランス人の主婦と佐賀県の唐津《からつ》に旅行した折、彼女が一番関心を示したのが呼子《よぶこ》の朝市でした。名物のイカを買い込んだだけでは物足りず、もっと田舎《いなか》を見たいとレンタカーでほうぼうを走り回り、無人販売所を見ると車を飛び出し、ぎっしりと並べられた野菜にとても感嘆していました。彼女は、艶《つや》やかなナスやトマト、ピーマンなどを袋一杯買い込むと、名産品のイカとともに、東京の自宅までクール宅配便で送りました。

彼女は「ほとんどの日本人の家には大型冷蔵庫があるのだから、地方に出たらもっと地場産の食材を買えばいいのに」と、旅行に出ては、新鮮な食材をまとめ買いすることの素晴らしさを語っていました。

日本の山村では高齢者が残され、「限界集落」という呼び名までつけられるほど、その実態は深刻です。ところがその一方で、安心できる旬《しゅん》の野菜を食べたいと思う人々はますます増えています。そしてそのような人々が探し求める新鮮野菜や減農薬の農産物、郷土料理は、「限界集落」の中にこそ残されているのです。

ある集落では、台所に密着した物を作ればさらに売れるとわかり、おいしい野菜まんじゅうを作りはじめ、観光客に口コミで広がりはじめました。この成功に注目した過疎地では郷土料理をアレンジして、オリジナルなごちそうを考え出す動きも出ています。

おいしい日本の食べ物には競争力があります。日本の米が、食で揺らぐ中国で売れていることを考えると、「和食」には限りない可能性があると思えるのです。

これからの時代、健康志向が高まるほど、食材を吟味する傾向は増すはずです。これら古くから慣れ親しまれてきた日本の産直や市はこの二つをつなぐものです。これらを見直すことで、私たちは文化の原点である質の高い食事を取り戻し、暮らしはもっと豊かになるはずです。

「わび・さび」文化に魅せられる欧米人

Westerners bewitched by "wabi/sabi" (simple old beauty)

日本文化に関心のある外国人をどこに連れていけば一番喜ぶか。長年、私は新幹線で富士山を見ながら京都に行き、寺めぐりをして、夜は祇園《ぎおん》で舞妓《まいこ》さんを見せるのが手っ取り早いと考えていました。

ところが、最初の数時間はいいものの、人込みに押され京都や鎌倉を歩き回るうち、今ひとつしっくりこない何かを感じるのです。

イギリスから初めて日本に来たウォーキングの大好きな中年夫婦を案内したときのことです。時間がないというので、とりあえず東京から最も近い神奈川県、相模《さがみ》湖近くの山に登ろうということになりました。せめて八ヶ岳にでも連れていけばよかったと心苦しく思ったのですが、彼らは相模のうっそうとした森を「美しい」とほめたたえます。聞けば、彼らが住むケントは牧草地ばかりで深い森がめずらしいのだとか。私が羊の草をはむ丘陵に見とれるように、彼らは杉の香りが漂う切り立った山を喜ぶのでしょう。

しばらく三人で名もない集落が点在する山道を歩くうち、偶然、崩れかかった庵《いおり》を見つけました。すると今まで黙々と歩いていた夫婦が、「オー、ワビ・サビ・スピリット！」とその古びた佇《たたず》まいに感動し、首に下げていたカメラのシャッターを切っては、「日本の庵は、まるでイギリスの古いコテージのように美しい」とほめたたえ、なかなかその場を離れようとしません。

かつて僧侶《そうりょ》や世捨て人が住んだといわれる粗末な小屋――庵の様子は『方丈記』に綴《つづ》られています。「広さはわずかに方丈（約四畳半）、高さは七尺が内なり（一尺は約三〇・三センチ）」と、そのひっそりとした佇まいは何ともいえないわびしさと寂しさをたたえています。

京都などのメジャーな名所・観光地より、人里離れた名もない庵に大喜びするイギリス人夫婦を見て、あることを思い出しました。

高校時代「古典」が苦手だった私ですが、『方丈記』の「わび・さび」という情感にとても興味をもち、ある日突然、世捨て人になった気分で一人、長崎の山に登ったのです。

苔《こけ》むした石段を上り、ぬれ落ち葉の積もる薄暗い小道を山の奥に向かって進むと、林の間にポッンと佇む庵を見つけました。『方丈記』を勉強したばかりということもあって、ここに住んだ先人は、どれほど孤独だったろうと思いを馳《は》せたのでした。

このように、簡素で古びたものに美を見いだす心が日本文化の源流だと説いた教師の言葉は的を射ていました。私は、たしかにそのとき、自分は本当に日本人なのだと十代ながらに自覚したのですから。

庵だけではなく、盆栽や生け花など自然と調和して生まれた和の世界の根底には、「わび・さび」に通じる禅の世界があります。

インドで生まれ、中国で育ち、日本で開花した仏教の本質といわれる禅は、あるがままをすべてを受け入れる、〝Let it be〟の精神が基本です。たとえば禅では、病気になってもあれこれ思い悩むのではなく、まず病気になった自分を受け入れる。心配しても、しなくても結果は同じ。人は死にたくないと思っても死ぬときは死ぬのだと、思い煩う自分さえも受け入れていく考えです。

このような禅的発想は一見、事なかれ主義に見えますが、その本質は大きく違います。問題点とかかわりをもたない「事なかれ」は逃げと同じですが、禅はすべての状況を逃げずに受け入れるべく、まず物事から自分を突き放すという考えが土台にあるからです。

安土桃山時代、豊臣秀吉は大のお茶好きで、大阪城に純金造りの茶室を造ったりするほどでした。当時、秀吉に召し抱えられた千利休は、わび茶を完成させ、秀吉に影響を与えたといわれています。名碗《めいわん》は、一国一城ほどの価値があり、みなが自分の茶碗を競っていたのです。ところが、千利休は素朴な茶碗や野に咲く花をさし、「本当の美しさは作られたものではなく、朽ちたもの、人が見過ごすものの中にある」と説きました。

この価値観は、どこかイギリスの古い小作人の小屋や、時代を経た骨董品《こっとうひん》に通じると思いました。欧米人の中でもとくに、小さな物、古い物を愛するイギリス人は、最も禅的価値観をもっているといわれています。

今、禅は外国で精神性を極めようとする人々に静かなブームとなっています。座禅を組んで瞑想《めいそう》し、無我の境地に入ったり、自然食に傾倒したり。絶頂期のビートルズもインドの導師のもとで、ドラッグでも得られなかった心の平安を求めようとしました。精神文化を求める気運は、文明社会ほど根強いのです。

取材で高野山の宿坊を泊まり歩いたとき、タンクトップにジーンズというカジュアルな出《い》で立ちの欧米人をよく見かけました。その中には頭を坊主にして、熱心に座禅を組むヒッピー風の若者もいたのです。湯豆腐で有名な京都の南禅寺でも、「禅スピリット」とはしゃいで湯豆腐を食べるドイツ人グループを見かけて、妙に納得しました。異国の文化というものはその思想が深いほど、まず形ありき。着物を着たり、香をたいたり、多くの外国人は、外側から禅の世界に入っているのだと思いました。

日本の精神文化について研究を続けたアメリカ人作家のことを思い出しました。彼は以前、禅寺や千利休を紹介する禅の本を出版し、話題となりました。ところが、この作家が来日した際、雑誌で特集を組もうと数日間、京都旅行に同行した日本人のベテラン記者は、本物の禅寺を前に、「じつは本を書いたものの、私はいまだに禅の本質がわからない」と、その作家から助けを求められたとか。その記者も、僧侶と交わす、どことなくちぐはぐな会話に、「この人は禅をよくわからず書いたのだ」と思った矢先だったため、知りうるかぎりのことを懇切丁寧に教えたそうです。

ある大学教授は、「禅を外国人に説明するのは、日本の空気を説明するようなもの。途方もなく難しい」と話していました。

外国人留学生に禅を教えようとすると、「察しはつきます。禅はジャパニーズスタイルのシンプルライフだ」と断定され、返す言葉がなくなってしまうそうです。

このような外国人たちは、届きそうで届かない日本人の精神文化、「わび・さび」を、どんな瞬間に感じるのでしょうか。

日本人女性と東京で神前結婚式をあげたドイツ人は、結婚式のために来日するまで、日本についてよく知らなかったそうです。まして禅についてなど、まったく興味も知識もありませんでした。そんな彼は、衣装店で借りたはかまの内側を見て驚いたそうです。

背の高い日本人用に特注で作られたそのはかまは、外側はシンプルな黒地なのに、裏地には繊細な鶴《つる》の絵が織り込まれていたからです。

その美しさに感動した彼は「これほど美しい細工をなぜ表地にして人に見せないのか」と衣装店の女主人に尋ねたそうです。そのとき女主人は、「この柄は見せるものではないんです。織り込まれた鶴の絵は、着ているあなただけがわかっていればいいんですよ」と説明しました。

それを聞いたドイツ人は、これが日本なのだと深く感じ入ったそうです。

表向きは質素でも、豊かなものを内側に秘める。

「あのとき、僕は日本を素晴らしい国だなぁと心から敬服した」

それ以来、彼は日本に関する本や映画をかき集め、それらをむさぼりながら日本をもっと知りたいと切望したそうです。

彼だけではありません。日本にやってくる欧米人はこのドイツ人のように、自国では得られない「わび・さび」の源流を日本で探しているのです。食べ物は自然食、物を持たないという禅の心は、慎ましやかで謙虚、見栄を張らないあるがままの日本人の生活に宿ります。その行き着くところは、「人間とは何か。どうあるべきなのか」という深い問いかけなのです。もちろん彼らのいしずえにあるキリスト教精神にも同質の深い問いかけはあります。けれどそれは神と人間の対峙《たいじ》からくるもの。自然界をさすらううちに自我が浄化されていくような感覚に身を委《ゆだ》ねる、やわらかなものとは異質の厳しさがあります。

一方、核心的なものに接触しないまま、形から禅に入り、自分なりのイメージをもって日本にやってきた外国人は、まず東京にがっかりするそうです。そこには近代都市があるだけ。精神性が見つからないと、さらに形を求めて京都、奈良の古寺を巡礼し、興味を満たそうとするのです。

政府は二〇一〇年までに年間一千万人の外国人誘致をめざそうと「ビジット・ジャパン・キャンペーン」を展開しました。二〇〇八年に来日した八百三十五万人の外国人は、一位東京、二位大阪、三位京都に滞在していました。外国人が日本への旅に期待する日本情緒は、美しいはかまの裏地に見られる、欧米にはない世界観です。

その筆頭、禅に通じる「わび・さび」の世界は日本人の宝であり、国を超えて外国人にアピールできる民族情緒をたたえています。

本物の精神文化が先進国で希薄になった今、その価値を暮らしに取り戻すことで、日本のそこかしこに、どんな国にも見いだせない深い情緒がかもし出されるはずです。

「オタク」と「マンガ」に世界が注目

“Otaku” (obsessed hobbyists) and “manga” are gaining attention worldwide

スーツ姿のビジネスマンが電車の中で公然と漫画を読んでいる——。

日本人と漫画の深い関係も、外国人には簡単にわからないことの一つです。

また、テレビの深夜枠では風俗系のバラエティショーを抑え、今や各局が大人向けにアニメを放映する時代となりました。

「アニメを見ることで残業のストレスを解消する大人が増えたから」と番組制作スタッフは説明しますが、外国人にとって漫画やアニメは子どものもの。ここまで漫画を欲する日本人が理解できません。さらに、大人でありながらアニメやコスプレをこよなく愛する「オタク」の存在は、彼らにとって驚異ですらあるのです。

「オタク」という言葉が誕生したのは今から二十数年ほど前で、話し下手な若者が「オタクは……」（あなたは……の意味。少し距離を置いた言い方）とよく使うことから、一つの趣味に極端に執着している人を指す言葉となりました。彼らの驚異的な凝り性はマスコミにもてはやされ、オタクブームに火がつきました。

やがて一般的に社交下手で、ネクラ、ダサい外見、ロリコンのイメージがつきまとう「オタク」は、「秋葉系」と呼ばれはじめます。激安電化製品が何でも買える秋葉原は、海外からのツーリストも必ずといってよいほど立ち寄り、買い物をするので、浅草と並ぶ東京屈指の人気スポットになりました。

一九九〇年代前半、秋葉原でパソコンが売られるようになると、これに便乗し、アダルト・ビデオや、少女をキャラクターにしたアニメソフト、少女のフィギュアなどが売られはじめ、秋葉原全体がオタクの街として生まれ変わりました。

趣味のためなら散財をいとわないオタクの中には、一体何十万円もするような等身大の人形をローンで購入する人もいます。とくに男性オタクは、若い女性に「ご主人様」とかしずかれるメイドカフェで憩うなど、次々と衝撃的なサブカルチャーを生み出してきました。

けれど、一般の日本人はオタクを「変わり者」と敬遠し、あの『電車男』がベストセラーになり、映画化されたときでさえ、「オタク」はなかなか好感を得ることはできませんでした。

そんなオタクにいち早く注目したのは、経済界であり、海外の文化人だったのです。

安倍晋三首相が辞任した際、乱高下した東京株式市場で、漫画やアニメ、ソフト関連企業の株価が急に上昇しました。漫画好きの麻生太郎氏の次期首相就任を見込み、買い注文が相次いだからです。麻生氏といえば、外相時代に外国人漫画家を顕彰する「国際漫画賞」の創設を表明するなど、漫画やアニメ文化に関心が高いことで知られていました。あの時、投資家は、彼が首相になれば、この方面に肩入れするはずだと読んだのでしょう。

結果的に首相の座に就いた麻生氏は漫画に力を入れ、アピールした事も後押しとなったのか、「オタク」は日本経済に大きな影響を与えました。

その一つが人材としての見直しです。社会的には変人に思われるところもありますが、オタクは並外れた集中力を発揮し、特定の分野においては異常に詳しい知識で、適所を与えられれば抜群の力を発揮します。またITの旗手となり、研究員や開発など裏方の専門職に就くケースも多いのです。知識の浅い人材に悩まされつづけてきた日本の経営者にとって、変わり者の部分だけ容認すれば、オタクは金の卵なのです。

英語で「オタク」は異常に趣味に没頭する〝geek〟と訳され、十九歳でマイクロソフト社を立ち上げ、コンピュータシステムを作ったビル・ゲイツを欧米版オタクにあげる人もいます。欧米人の目に映る彼は、その風貌《ふうぼう》からして「オタク」に見えるというのです。

消費者としてもオタク市場は注目されました。二〇〇四年、野村総研は「オタク市場はもはやニッチ（すき間産業）ではない」という調査結果をまとめ、オタクの人口は「アニメ」「アイドル」「ゲーム」「コミック」「自作ＰＣ」の主要五分野に絞っても、二百八十五万人。国内市場規模は二千九百億円で、デジカメの市場を大幅に上回るという結果となりました。

ネット利用率と情報発信能力が高く、関連分野をまたにかけ、集団を形成するオタクたちは、独自の価値観に基づいて金と時間を優先的に分配します。彼らは高い購買力をもち、新製品を受け入れる能力は並外れて高いのです。

このように「オタク」が生み出したパワーの斬新《ざんしん》さは、これまでの日本文化史を大きく塗り替えてきました。

それだけではありません。彼らの存在は、日本の漫画を世界的ブームに押し上げました。少ないセリフ、仕草やデフォルメされた表情で登場人物の感情が読み取れる漫画は、アメリカをはじめ世界中で大人気です。また、ディズニーを超える緻密《ちみつ》な動画の美しさ、ストーリー構成が圧巻の宮崎駿作品など、今、日本のアニメはオタクという応援団を得て、あのディズニーすらものともしない勢いです。

そこに外国人は目を向けました。

アメリカからは「オタクツアー」が来日し、秋葉原でオタク文化にふれ、また二〇〇五年の夏には株式会社ビブロスによる「全国統一オタク検定試験」が実施され、アニメ、ゲームなど秋葉系ジャンルに関する問題が出題されました。二十一世紀を担うオタクエリートの育成を目的にしたこの試験は、合格率はわずか六・二パーセントという狭き門。晴れて合格した者には証書が発行されました。

二〇〇四年イタリアで「ヴェネチア・ビエンナーレ第9回国際建築展」が開催された際には、日本館のテーマは「おたく：人格＝空間＝都市」となり、「オタクの街」秋葉原が会場に再現されました。とくに注目されたのが、ミニチュアで作られた典型的な「オタクの部屋」だったそうです。

展示会関係者はこの内容を見て「近年まれに見る知的なものだった」と絶賛したとか。グッチなどスーパーブランドを生み出し、その芸術性においてはルネッサンスのころより類《たぐ》いまれなるイタリア民族をうならせたのですから、オタクの世界にはものすごい才能がうず巻いているのかもしれません。

また、二〇〇六年名古屋で開催された「世界コスプレサミット」には、日本の外務省、国土交通省が後援につきました。海外旅行やネットになじんだ若者は、昔の人に比べ国際感覚もあり、世界規模を見据える性質も持ち合わせているのです。

「変わり者」という、日本社会では異質な存在のオタクは、競争や勝ち負けとは無縁のレールに乗って人生を歩み、最近では「AKB48」などのアイドルグループをスターダムに押し上げました。「好きだから買う」「好きだから追求する」という彼らの価値観に、第三者の評価は関係ないのです。

市場がどうであれ、自分が満足するためひたすらつき進む。そのために収入と、自由時間を確保する。こうした独自の生き方を見ていると、今の世の中はとうにナンバー1を争う時代ではなくなったと思うのです。

たとえば、無敵の国力でこれまで世界ナンバー1の座を守ってきたアメリカより、今やナンバー2のイギリスが、その存在感で世界から注目されています。歴史や自然をしっかりと保存し、伝統的な階級社会文化が残り、政治経済も安定している。このようなイギリス的価値観はいつの時代にも一定の評価を受けてきました。まして今では欧州連合（EU）を引っ張るリーダー国としての風格もあります。

同じことがオタクにもいえるのではないでしょうか。東大などの一流大学を出て、誰もが認める仕事に就くエリートたちが、オタクほど短期間で、確固たる市場と文化を生み出したかと問われれば疑問です。しかも会社という組織を離れ、個人の力量で仲間と連帯しつつ、言葉の壁を越え、独自の文化を海外に知らしめたのです。

そう考えると、生け花・お茶をはるかに超えた「オタク」文化は、外国人を日本にひきつける新たな入り口になるといえるでしょう。

日本人も知らない神秘の日本

The unknown mysteries of Japan

都会を離れ地方の過疎地を訪れると、自分の原風景に出合ったような感慨を覚えます。

韓国人観光客が島の人口を上回るほど増えた朝鮮半島に最も近い国境の島、長崎県対馬《つしま》に取材で訪れた私は、中心部厳原《いづはら》町で「豆酘《つつ》」という民宿に泊まりました。珍しい地名なので、地元の図書館で調べてみると、「豆酘」は、対馬の最南端にある大変古い集落であることがわかりました。しかも、ここは信仰集落といわれ、「天道《てんどう》（天童）法師」と呼ばれる、初めて耳にするような民間信仰が今も存在しているのです。

日本古来の神は姿を持たず、太陽、山などに宿り、人々は天道茂《しげ》と呼ばれる聖地で祭りを行いました。かつての日本では、山そのものを神だと考え、山で木を伐《き》ることはおろか、鳥を捕ってもいけなかったのです。青々とした森が今も対馬に残っているのは、信心深い人々のたまものでした。

古来、多くの神社があり、村全体が信仰組織に支配されていた豆酘では、今も毎年旧暦の一月に「赤米神事」という、この村で収穫される赤い米を崇《あが》める祭事がおごそかに行われています。真夜中、祭事が始まると、深夜にもかかわらず沿道の人々は起き出して土下座し、ご神体と呼ばれる赤米を柏手《かしわで》を打って拝みます。外国から渡来した赤米は神の食べ物として神聖視され、今もこの集落では原始的品種といわれるこの赤米を作っています。じつは、私たちが祝い事の席で食べる赤飯は、神々が食べたこの赤米の名残ともいわれているのです。

今も続くこのような穀物に宿る霊を崇める習慣は、人と古代神道とのかかわりを暗示しています。

村の一角には誰も立ち入ることのできない恐れ地と呼ばれる聖地があり、かつてはここに迷い込んだら頭に草履《ぞうり》を乗せ、石段が見えなくなるまで後ずさりしなければなりませんでした。また、女性たちは化学繊維がはやる一九五五年ごろまで、自分で織った布でハギトウジン（唐人着物）というつぎはぎの作業服を作り、身にまとっていました。今でも豆酘は美人の産地といわれますが、昔はここを訪れた武士が女たちに目をつけ妾《めかけ》にしようとしたため、あえて野暮ったい格好をしたというのです。

古代に始まり、果てしない時を経て受け継がれた神秘的な風習。

私が泊まった民宿「豆酘」は、本土への定期船が出る厳原に向けて、豆酘の人々が山を越え、長い道のりを歩きつづけ、出発前にいっとき荷を下ろすための宿だったそうです。宿は今でも集落のもので、民宿を営む一家は定められた賃料を集落に払っているとか。つまり彼らは豆酘の人々から委任を受けて、この宿を運営していたのです。

「おばあちゃんの代からずっとそうだったからね」と、古い家屋の台所で刺身を盛るご主人は、代々続いてきた習慣を当たり前のことと受け止めている様子でした。

朝鮮半島と九州の間にポツンと浮かぶ対馬に今も残る人々の暮らしぶりには、ニュースやネットの情報では得られない魂を揺さぶられるような衝撃がありました。それはたとえるなら、突然騒々しい都会から、暗闇《くらやみ》だけの世界にほうり込まれ、においをかぎ分け、手探りで自分の立っている場所を探る感覚です。そこでは、ふだん考えないことが浮かんできます。

その一つが神の存在でしょう。

日本には、いったん信じてしまえばどんなものでもありがたく思う「鰯《いわし》の頭も信心から」ということわざがあるように、私たちの先祖はあらゆるものを神にしようとしてきたのです。山、森、岩、沼、湖、男女生殖器や米に至るまで、日本人は人でも物でも自然でも、目にするものすべてに畏敬《いけい》の念を抱いてきたのです。

古代国家によって八世紀に編集された『古事記』『日本書紀』『風土記』をはじめ、『万葉集』などの古文献を見てみると、古代統一国家を成立させる過程で、原始神道が発達したことがわかります。

古代の日本人は、女の胎《はら》と陰《ほと》を意識して、その疑似物として家を考え、村・都を考え、国土そのものまでそれに当てはめて考えるようになったといいます。

これが日本の原点なら、得体の知れない不気味なものに自分が属している気がしますが、これこそが日本人独特の、どこか奥深くわびしい情緒につながっていると思うのです。私が豆酘に魅《み》せられたのは、この集落を日本人の精神的ルーツのように感じたせいでしょう。

ところが明治以降、古代神道は低俗な迷信と否定され、古来の神は天皇につながるものに変更されていきます。そうしてでき上がった国家神道は、天皇を神と崇め、国民も天皇と同祖の神の子孫だという選民意識を植えつけ、軍国主義の柱になりました。

太平洋戦争中、日本軍人の行動の中で、武士の情けを忘れた非人道的な行動があったのは、もともとの歴史観や伝承を無視した結果であり、日本人は他の民族よりすぐれた神の選民であるという極端な思想によるものです。国は天皇を世界の天皇として君臨させるのだと、国民を洗脳して聖戦思想を刷り込ませ、内外で多くの犠牲者を出しました。

今では権力と結びついた国家神道は事実上解体され、もはや日本人にとっての精神的バックボーンではなくなりましたが、戦争までの道のりを知るにつけ、私たちは神道を暗い時代の象徴のように感じるのです。

イメージだけを先行させると、日本人が培ってきた精神文化がねじれ、よくわからなくなってしまいますが、もともとの古代神道は、オタク文化や禅文化同様、何でも受け入れる許容文化だったのです。

事実、日本人は飛鳥時代、渡来人《とらいじん》と呼ばれる中国、朝鮮半島から日本にやってきて帰化した人々を受け入れ、尊敬していました。日本人は稲作から寺院建築技術まで多くの技術を渡来人に学び、土着信仰として神道がありながら、仏教やキリスト教も受け入れ、最初の段階ではいつも共存しようとしたのです。こんな寛容さは、残念ながら急速な近代化を推し進める段階で、一部を除いてはしだいに影を潜めていきました。

今も残る数少ない神道の習慣には、お正月や七五三があります。天皇が元旦に百官の祝いを受ける儀式は「賀正礼」（みかどおがみのこと）といわれ、お正月に出す年賀状の「賀正」のもとになりました。また、旧暦の十一月に収穫を終えた人々が、氏神への豊作の感謝とともに、神社や寺に子どもの成長を祈る七五三も今なお健在です。

私たちが旅先で、あるいはお正月など節目ごとに、神社や寺、それを取り囲む杜に行ってみたくなるのは、いにしえの血が騒ぐせいかもしれません。

それはイギリスやフランスの人々が、円陣になって立ち並ぶ巨石群、スタンディングストーンや、もはや形をとどめないほど風化した十字架にケルト文化の源流を感じ、古代の世界観を偲《しの》ぶ姿に似ています。

ヨーロッパの国々にアメリカにはない奥行きを感じるのは、このような神秘が今なお国土のあちこちに一つの風景として塗り込められているからです。ところが日本ではどの国にも負けない摩訶《まか》不思議な源流があったにもかかわらず、その多くは過疎化された地にあり、広く情報が発信されることなく閉ざされたまま。風習も史実も知られることなく風化して消えてしまうのです。これは大変な損失ではないでしょうか。

豆酘の赤米神事も、私が対馬を訪れなければ知ることはできませんでした。もし広く情報が公開されていたなら興味を抱き、もっと早くに対馬に行ったことでしょう。日本文化に誇りをもてといわれても、何に対して誇りをもてばいいのか今ひとつはっきりしない理由がここにありました。

私たちはエンヤの曲を通じて、またアイルランドやスコットランドを舞台にした映画でケルトについてイメージすることができるのに、日本のことには疎いのです。授業で学んだ歴史や地理の知識はガイドブックほどの力もなく、頭をかすめる程度。興味の入り口にすら立てないまま、社会人となっていくのです。

ましてや古代神道のような、私たちと縁遠く、わかりづらい世界は、自分で興味をもって知ろうとしないかぎり、接触する機会もありません。すると、私たちは日本にいながらますます〝日本音痴〟となり、ときおりわき起こる不思議な感性が何によるものかわからないまま生きていくのではないでしょうか。

山村や路地裏の風景とともに、神社、寺、杜は、宗教に関係なく日本人の根幹に結びつく原風景です。そこに立ち寄ると、なぜか畏《おそ》れや寂寥《せきりよう》感がわき起こり、自分の魂を取り戻したような気持ちになるのです。それを考えると、私たちはもっと過疎地に出かけ、秘められた先人の世界にふれることが、外に目を向ける以上に大切だと思うのです。

欧米人は日本人を「神秘的で深い魅力がある」と称賛しますが、それも私たちの内側に「日本的」系譜が秘められているからではないでしょうか。それは私たちが思う以上に、理詰めで生きてきた欧米人にとっては永遠の謎《なぞ》であり、うらやむ領域なのです。

第2章

欧米人の不思議がる日本

Wonders of Japan for Westerners

働き者なのにビジネスができない

Hard workers but lacking business acumen

外国人が日本人を「シャイだけどビジネスの手腕がある」と評価したのは一昔前のことです。日本経済が右肩上がりに上昇したバブル全盛の一九八〇年代は、日本式経営を世界中がこぞって絶賛し、まねしようとしました。

八〇年代といえば、ワープロやファミコンが職場や家庭に普及したハイテク時代の幕開けでした。しかしその陰で、粗食の見直しや無印良品が誕生するなど、生活の多様化も始まっていたのです。

あのとき、私たちが自分らしい暮らし方を確立していたなら、日本経済はバブル崩壊の憂き目を見なかったのでは、と惜しい気がしてなりません。

ひと頃は書店をのぞくと、ビジネスコーナーには〝トヨタ式〟と銘打ったビジネス書が積み上げられていました。トヨタ式本は海外でも注目され、外国人は世界のトヨタに経営哲学を学びました。なかには特定企業のあり方だけではなく、日本ならではの家族経営をなぞるようにした企業が成功を収めています。

イギリス最大手のチェーンストア、マークス＆スペンサーは、一八九四年に卸売り業者のユダヤ系移民ミカエル・マークスとトム・スペンサーによってマンチェスターでスタートしました。リーズで培った卸売り業者としての手腕を生かした二人の商才は、アメリカ資本の大型スーパーが押し寄せるなか、高品質の衣料や食品の証《あかし》、商標のSt.マイケルを生み出し、イギリス人に愛される国民的スーパーの地位を揺るがぬものにしたのです。

従業員は家族のように協調して働き、それが高い定着率を生み出しました。また、退職してからも同社が経営するクラブで食事をしたり、医療施設を使うことができるなど、日本にならって従業員を手厚く保護する姿勢が、マークス＆スペンサーの成長に結びついたといわれています。

このような日本式温情型経営は、従業員ばかりでなく社外の人間にも発揮されます。たとえ割安でサービスのよい業者が新規参入し、売り込んでも、「うちは長年取引している業者がいる」と、儲《もう》けをたたき出すことより、つきあいを優先するのです。

取引先を変えがちな中国人や、信用に重きを置かず、契約が頓挫《とんざ》しやすい韓国人に比べ、スロースタートでも一度取引が始まると、できるだけ長くつきあおうとする日本人の義理堅いまじめさは、外国人に絶対的な安心感を与えてきたのです。

このように従業員の福利厚生から取引まで、日本式経営にはみんなが快く働きつづけ、利益を上げる秘策があると思われていました。

そもそも従来の日本人は、安い賃金でも会社や社長の恩に報いるため、心中するつもりで働いたものです。そのような労働者の姿勢は、外国人にとっては永遠の謎《なぞ》でした。なぜなら契約社会である欧米の人々は、労働条件以上に働こうとは思わないからです。

これらはすべて日本人が本来もっていた日本式ビジネスの長所でした。

ところがバブル崩壊後は、不良債権処理に手間取り、思い切った手が打てずなかなか景気を回復できない日本を、外国人は前ほど評価しなくなったのです。

先の見えない社会では、誰もがお金を使いたくないと収入を貯蓄に回します。たとえ、みんながどんどん物を買って企業に利益が出ても、正規雇用は減り、いっこうに暮らし向きがよくならないのですからサイフのヒモも固くなるばかりです。

このような現状に対して、企業も国政も手をこまねいて根本的解決策を打ち出せずにいます。そのため外国人は、日本人の解決能力のなさを論じるようになったのです。

そもそも島国で閉鎖された社会に生きる日本人は、国内にない新しいものが海外から入ってくると、大いなる興味をもってそれらを受け入れました。鎖国時代でさえ、素晴らしいものを見分ける日本人の審美眼には定評があり、漆器、伊万里《いまり》焼などを作り出す高い工芸技術もありました。その腕っぷりは現代の小型カメラ、薄く高品質な液晶テレビ、宇宙開発に欠かせない精密部品を生み出す小さな町工場の技術を見ればわかるはずです。

「あの人は職人気質《かたぎ》だ」と呼ばれる働き手が日本の底辺を支えたのです。

考えてみると、アメリカは大型化、豪華仕様が得意です。車も家電も住宅もすべて大きくゴージャスにすれば市場がついてくると考えます。また、ベンツにみられる頑丈さでは、ドイツがトップクラスでしょう。そのすき間をぬって日本は機能性で勝負をかけてきました。その結果、日本製は便利で使いやすいと評判を呼び、世界にメイド・イン・ジャパンというブランドを打ち立てたのです。

ところが、海外で高い評価を受けているにもかかわらず、それを武器に景気回復できないのは、日本社会にはびこる構造上の問題があるからです。「朝から夜遅くまで働いているようで、その大半は打ち合わせや会議などムダが多い」

ビジネスはショートカットだと、できるだけよけいな手間を省き、さっさと仕事を終えようとする外国人は、日本企業に勤めると、まず「お伺いを立てる」確認作業にストレスを募らせます。

チームワークを大切にするあまり、日本人は決定することを怖がり、案件も手つかずのまま、下から上に申し送るだけ。何一つ自分で解決できないというのです。

以前、アメリカのシアトルにある各国の企業に、地元中学生が運動会開催のために寄付をしてほしいとほうぼう頼んで回りました。各社は二百ドル（約二万円）の寄付を、すぐに決めましたが、日系企業だけは「本社に聞かなければわからない」と返事に何週間もかかり、運動会は終わってしまったそうです。

地元アメリカ人は、わずか二万円の寄付ですら本社に委《ゆだ》ねる駐在員の姿勢にあきれ、「日本人はものすごい開発力があり、品質の高い自動車を造っているにもかかわらず、肝心なことがわかっていない」と嘆きました。

地元民への教育支援、文化貢献はボランティアが発達した欧米では企業の責務と考えられています。まして二万円の学校寄付を先送りにすることが日本式ビジネスの流儀によると、どうして想像できるでしょうか。

このような見方をするのはアメリカ人だけではありません。

在日外国人の間でも、ビジネスにおける日本人の「イエス」は「メイビー」（たぶん）で、日本人の「メイビー」は「ノー」と同じ意味だという通念があります。

これまでの日本の会社は、たとえワンマン社長であっても現場の声を無視した決定を下せば、従業員の士気が落ちると考えられてきました。管理職者、現場責任者とそれぞれの顔を立てながら物事を取り決めるのは、和を大切にしつつ、万が一うまくいかなかったときも、みなで責任をとるための予防策です。

この数年間の偽装謝罪会見を見ても、社長以下関係者全員が深々と頭を下げています。

会社のとらえ方がまったく違う欧米社会であれば、経営者はただちに解雇され、株主は新体制を求めるでしょう。外国人は、曖昧模糊《あいまいもこ》とした日本式ビジネスを理解するまで途方もない時間がかかるのです。

ここを日本人は実感できないのではないでしょうか。

たとえば仕事が終わってもダラダラと話し込み、会社に居残る風習一つとっても、国際社会では評価されません。好むと好まざるとにかかわらず、世界を相手に勝ちぬくには、アメリカ型の即成果につながる働き方に変えざるをえないのです。

今、求められているのは、まじめに長時間働く人より、知恵を出し、実績を上げられる人です。欧米諸国では、このような個人のスキルをアピールできる人ほど高く評価されているのですから。

和や協調を大切にしてきた私たちは、同僚や先輩、上司を不快にさせないよう、新しい提案から個人のすぐれたスキルまで、組織の中でもの申すことは、相手を立てるためには得策ではないと考えてきたふしがあります。

けれど欧米人にビジネスができると認められるためには、汗水たらしてまじめに働く姿勢以上に、必ずよい結果が出せるすぐれた判断力を、あらゆる場面で見せていくことが大切なのです。

男性天国に見えて、じつはかかあ天下

The myth of Japanese women in a men's paradise

「ワーカホリックの日本人夫は会社に縛られ、孤独な妻と子どもは家に置き去りにされている」――このようなステレオタイプの男尊女卑的夫婦像が、海外ではすっかり浸透しています。

日曜日ごとの接待ゴルフや夫婦がバラバラになる単身赴任など、日本の女性はなぜあのように虐げられた結婚に我慢ができるのか。夫婦一体で生きる欧米人には理解できないようです。

「日本の男はそんなに会社が好きなの」

ポーランドのワルシャワでお世話になった主婦は、日本人に関するドキュメンタリーをテレビで見て、「寂しい日本人家族」の印象を深めたようでした。しかも男に仕えるよう育ったおとなしい日本女性は、夫が浮気しようが、夜遅く帰ろうが文句を言わず、ひたすら我慢している。

多くの外国人が、時代錯誤とも思えるこのような話を信じるのは、芸者、武士道、カミカゼなど海外に伝わる日本の情報に、つねに鍛錬と自己犠牲の印象がつきまとってきたからです。ところが現実的には、今の日本で苦労しているのは、女性ではなくむしろ男性、妻より夫なのです。

ある雑誌で、「今の生活の満足感」について日本人の読者に向けてアンケートを取ったところ、「幸せ」と答えた人の多くは、圧倒的に中高年の主婦層でした。また彼女らの大多数が「もし、一人しか子どもを産まないとしたら、男の子と女の子のどちらが欲しいか」という問いに、「女の子が欲しい」と答えていました。

これには理由があります。

外から見れば、夫に放置され孤独な生活を送っているように見える妻たちが、実際は家庭内のすべての実権を握っているのが現実。日本は世界でもまれに見る女性優位の国だからです。

外国人は口々に「日本には女性社長も女性議員も少ない。日本は相変わらず男性天国だなぁ」と言います。仕事関係のパーティーでも、夫婦同伴でやってくる欧米人に比べ、日本人は男性のみが出席するからです。理由は簡単。妻の多くが夫より子どもの世話を優先したいからです。

そのからくりを理解しないまま、自分が守ってあげたいと、おとなしそうな日本女性と国際結婚したアメリカ人は、結婚して半年もたたないうちに日本には「男尊女卑」どころか、「かかあ天下」が蔓延《まんえん》していることに気づいたそうです。

アメリカの大学で知り合ったころは物静かで、ほとんど自分の意見をもたないように見えた妻は、二人そろって日本に戻ったとたん、人が変わったように自分に命令するようになったというのです。

「今日は七時までに帰ってきて」「日曜日は友達を呼ばないで」——。

面食らったこのアメリカ人は、いったい妻に何が起きたのかと慌てふためきました。そのうち、少しでも意に沿わないことをしようものなら、「実家の母親」から電話がかかり、「娘をよろしく頼みますよ。何しろわがままに育ったものですから」と、布石ともとれる援護射撃が始まります。

妻と実家の絶妙なコラボレーション。

まだ二十代の彼は、アメリカでは一対一だった夫婦関係が、日本で暮らしはじめたとたん二対一になったと、妻との関係に安らげなくなりました。

大阪で外国人向けのコミュニティ紙を編集・発行する会社の社長は、「たとえ外国人といえども、日本の女性と結婚したら俺らと同じ運命をたどるものだなぁ」と、ぼやいていました。

あるとき急な取材が入り、この社長が「悪いけど今度の日曜日、福岡に行ってくれないか」と、日本人の妻を持つアメリカ人、イギリス人の男性記者両名に声をかけました。ところが二人は、「女房に聞かないと返事できません。たぶん、ダメだと言われますよ」と、欧米人らしからぬ曖昧な返答だったとか。

いくら「欧米人が集まる国際会議だから」と事情を説明しても、「僕の一存では決められない」の一点張り。

それを見た社長は、日本人の女性と結婚した外国人は、どんな些細《ささい》なことも妻にお伺いを立てる習慣が板につくと、苦笑していました。

このような「日本式かかあ天下」の背景には、結婚しても仕事をもつ女性が増えたこと、そしてその多くが「家庭生活との両立」に悩み、入社後五年以内に離職している現実があります。大手飲料メーカーのデータでは、総合職に就く女性の七割近くが、五年目を境に次々と会社を辞めていました。働きバチ、残業の多い夫に

「家事」「子育て」は任せられず、家計から近所づきあいまで、日本では女性が一家の要《かなめ》となり、その分多大なストレスを背負うことになります。

一方、欧米人男性の立場からすれば、自分の国でははっきり自己主張する欧米人の女性とつきあってきたのに、気がついたら妻に頭を下げて小遣いをもらっているなど、国の親兄弟にも恥ずかしくて説明できないと頭を抱えます。何より日本女性のはかなげな神秘性に一種の憧《あこが》れをもつステレオタイプの外国人は、自分たちがもつイメージとのギャップを修正するのに苦労するのです。

けれど、これが典型的な日本の夫婦関係ではないでしょうか。

イギリスのレスター大学の心理学研究者が、二〇〇六年に「国民の幸福度」について研究結果を発表したところ、健康・経済・教育の観点から分析した日本の幸福度は、百七十八か国中九十位で、二十三位のアメリカや八十二位の中国にも及びませんでした。

また、ユニセフが二〇〇七年に発表した「子どもの幸福度」調査報告でも、「孤独を感じる」と答えた日本の十五歳少年の割合は、OECD加盟国二十四か国中トップだったといわれています。

世界一長寿で経済的にも豊かなはずの日本人が、この手のアンケートで続々「幸せでない」という結果になるのはなぜでしょう。

また、民間調査会社が世界二十四か国を対象に行った「仕事と家庭の調和に関する世界意識調査」でも「まったく満足していない」という割合は、日本人が一番多かったのです。

国際競争が激化する中、人件費を削って利益を出そうとする市場経済のあおりを受けて、一九九五年に約一千万人だった非正社員は、その後十年ほどで約一千七百万人に増えました。長年会社に貢献してきた人々が突然リストラされ、生活保護以下の暮らししかできない「ワーキングプア」の拡大で、男たちにとって第二の家庭と慣れ親しんできた会社に、一〇〇パーセントの価値を置くこともできないのです。そうかといって、家庭でも妻の尻《しり》に敷かれ、肩身の狭い思いで生きていく。家庭や会社に居場所が見つからない男たちに残された道は、家族や上司と摩擦を起こさないように、小さな世界で満足して生きることしかありません。

しかも夫婦の年金分割がスタートし、定年を迎えたとたんに「私を自由にして」「自分らしい人生を歩きたい」と熟年離婚を突きつけられる夫がますます増えていくとの予想も出ています。

このような一面を、強い女性に食傷気味の外国人が見抜いたなら、なんと日本の男は辛抱強いのかと逆に尊敬されることでしょう。

マスクの下の素顔が見えない

Behind the oriental mask

「オリエンタルマスク」という言葉をご存じでしょうか。これは conflict（対立）を嫌い、人を傷つけまいとする日本人が、自分の意思を極力隠そうとするときの能面のような表情を外国人が皮肉った表現。日本人ならではの特徴の一つで、欧米人が自分をクールに装おう戦略的な「ポーカーフェイス」とは異なる価値観から生まれています。

在日外国人が人前でこのオリエンタルマスクをつけられるようになれば、立派に日本になじんだ証拠です。

さまざまな国籍の社員が働いている、東京にある北米系商社の人事を取り仕切るアメリカ人と話をしたとき、彼はとても興味深い指摘をしました。

「わが社には日本で育ったアメリカ人の会計士がいる。彼はブロンドに青い目のれっきとした欧米人なのに、まるで日本人のようなんです」

会話する私たちの前に現れた青年会計士は、お辞儀の仕方から腰をかがめて上司にお伺いを立てる仕草まで、本当に日本人そのものでした。メリーランド州出身の彼は親日家であるアメリカ人の両親とともに子どものころに来日。その後、日本の公立中学、高校を出たそうです。その間、日本的習慣が培われたのか、「そういえば、この前の報告書の数字が違っていたぞ」と、私の前で社長に突っ込まれても、「でも、君は優秀なんだよね」とほめられても「ええ……」とほとんど無表情で、まさに「青い目の日本人」でした。物静かで何を考えているのかわからないのに、責任感、まじめさを秘めている。

外国人が日本人をよくわからない民族だというのは、このオリエンタルマスクに隠された真意がなかなか見えないからです。

表情だけではありません。

「イエス」「ノー」が曖昧な日本人は、「ノー」と言えないだけではなく、じつは付和雷同する明確な信念がない民族なのではと思われているのです。

身近な例をあげましょう。

これまで尊敬していた上司を「あの部長はズルイところがある。俺たちに何も教えてくれず、定時にはさっさと帰ってしまう」と、仲のよい同僚がけなしはじめたとします。最初は同僚のグチを軽く受け流していた人も、毎日刷り込まれるように悪口を聞かされるうちに洗脳され、上司はおろか、会社そのものにまで不信感を抱き、「自分はこのままでいいんだろうか」と転職まで考えるようになるのです。

些細なことで辞めていく若手社員の定着率が、日本企業では問題になっています。今や従業員はおろか、新卒の大学生も内定をあっさり辞退するケースが増えていると聞きます。企業に頼まれて優秀な人材の確保にかけずり回る斡旋《あっせん》会社の中には、内定を出した学生を他社に取られないよう、学生に定期的に連絡を入れて入社まで監視する役目を担うところもあるようです。「友達が辞めたから自分も」というように、イモづる式に辞退する学生もいるからだとか。

いくら若くても自分に確固たる信念があれば、人生の節目にここまで他人の影響を受けるでしょうか。

「赤信号みんなで渡れば怖くない」というグループ意識が、人がおかしいという道を選ぶことで、和を乱すのではないかと不安にさせるのです。だから噂《うわさ》、評判など根拠のありそうにない情報をもとに、生き方まで左右されてしまうのでしょう。

日本で一匹狼《おおかみ》は、えてして人間関係の摩擦を生みます。主張することで嫌われ、居づらくなるのなら、それを避けるためひたすら本音を隠し、ニュートラルな立場でいようとする。

これがオリエンタルマスクの始まりですが、そうやって生きていくと、信念は摩耗するどころか、断ち切れてしまいます。

このような日本的考えが政治や教育の現場に反映されると、問題はさらに深刻になります。

テロ特措法から参院の反対をねじ伏せて成立させた補給支援特別措置法まで、アフガニスタンにいるテロリストと戦うために必要だという要求を、おかしいと思っていても、これを呑《の》めば互いの顔が立ち、しこりも残らないと、日本式和の精神で受け入れたこともその一つ。その結果、国際政治の舞台でも「大国の言いなりになる物わかりのいい民族」という印象を深め、国際社会からは評価されるどころか、アメリカの要求を丸呑みしているだけの「素朴」で「お人よし」な国民だと思われているのです。

「アメリカは物言わぬ日本を騙《だま》して自分が儲けている。北朝鮮とは話をしない。六か国協議にも一切応じないと言いつつ裏取引をする。アメリカは、世界周知の八方美人だ。そんな国から言われるままに動いているのは、日本人が国際的駆け引きに疎いからだ」

ミャンマーからやってきた学生たちは、軍が僧侶《そうりょ》のデモを弾圧した二〇〇七年に起きた事件について、軍事政権下のミャンマーへの働きかけも含めて、日本にもっと強くなってほしいと口惜《くや》しがっていました。

日本は国連へもアメリカに次いで二番目に多く負担をしています。ところが、分担率は上昇傾向にあるものの、日本の四分の一しか金を出さない中国や、少ししか払わず威張っているロシアにまで振り回されているのが現実です。そもそも国連は自国の利益のために集まった組織。各国とも駆け引きをしつつ国益を追求しているのであって、一〇〇パーセント正義のために動いているのではありません。

ところが摩擦を避けたい日本は、欧米のように脅したり諭したりしながら世界に君臨することもできず、さりとて中国のように嫌われるギリギリのところまで文句を言い、クルリと寝返るしたたかさも持ち合わせていないのです。

国際政治の舞台で日本人がつけたオリエンタルマスクは、たんに「物わかりのいい金ヅル」という印象を深めただけ。どんな局面でもニュートラルな日本人は「霧か煙のよう」で存在感がないのです。そんな日本人に苛立《いらだ》ち、「何か考えているんだろう。何か言ってみろよ」と、仮面に隠された本音を聞き出したい外国人も大勢いるのです。

そもそも日本人にとって、服従と忍従は美徳です。素直な子どもはよい子であり、よい子になるにはまず「はい」という返事をすることだと躾《しつ》けられ、目上の人の言うことを否定するのは「口答え」として厳しくたしなめられました。

戦後アメリカ映画で、海軍の上官が命令を下したあとに必ず「any questions ?」(質問はないか)と言うのを見て日本人は驚いたそうです。「上司の命令は天皇陛下の命令と思え」と教えられた日本の軍隊で、上官の命令に疑問を抱くなどまず考えられないことだったからです。

第二次大戦で日本軍がシンガポールを陥落させたとき、イギリス軍の司令官パーシバル中将に対し、山下奉文が「イエス・オア・ノー」と無条件降伏を迫りました。「イエス」と「ノー」しか存在しない世界観とは、意に沿おうが沿うまいが絶対服従する価値観なのです。

一方、欧米人は幼少から個人の意見や感性はとても重要だと教えられます。たとえば学校で「作文を書きなさい」と言われて、「私は書きたくない」と言えば、「なぜ書きたくないのか、なぜそう思うのか」を教師は尋ねます。ただ「書きなさい」ではなく、そこにwhy（なぜ）という問いかけがあり、子どもらも自分の意見や感じたことを率直に伝えることを学ぶのです。

彼らは、これがindividual（独立した）な一人の人間の証だと考えるのです。

欧米人は他人と意見が食い違うと、なぜ相手がそう考えるのか、がぜん興味をもち興奮します。他人と違う意見をもつことは、素晴らしいことだと考えるからです。他人と違う反応、他人と違う興味を言葉や表情で示すことは尊いこと。たとえそれが特異なものであっても、物言わぬ人よりはるかに評価されるのです。

オリエンタルマスクに慣れたある在日フランス人は、何を考えているかわからないほうが日本でつつがなく生きる最良の方法だとしながらも、次のように言いました。

「僕が育ったフランスでは親にも教師にも正直に生きろと教えられた。けれど日本では自分の思ったことを言うとたいていトラブルになる。むしろ口数少なめな人ほど、『言い訳しない、立派な人』と思われ、男らしいと言われる。だから僕は誰と話すときも、『ナルホド』を繰り返す。この国では意思を捨て嘘《うそ》つきになるか、思ったことを口にして嫌われるか、どちらかを選ばなくてはいけないんだ」

和を乱さない思想から始まった日本という国の忍従習慣が、外国人はおろか日本人にさえも意思を隠すマスクを着けさせてしまうのです。

長いものに巻かれると急に強くなる

Japanese sudden power gain in established positions

日本に来た外国人が驚くことの一つが、日本の街にあふれるガイダンスです。電車に乗ろうとホームに続くエスカレーターに乗ると、「よい子のみなさん、エスカレーターで遊ぶのはやめましょう」とアナウンスが流れ、ホームに立つと「電車が来ます。白線までお下がりください」と、スピーカーから野太い声が響きます。「発車します」「ドアが閉まります。駆け込み乗車はおやめください」。ビリリリリーッ、「はいっ、閉まりますっ」。

最後はほとんど絶叫のようなアナウンスに押され、乗車すると携帯の電源を切れ、席は譲り合って座れ、蒸し暑くなったから近くの窓を開けろなど、「電車に乗るだけでこれだけ指示される国は他にない」と外国人はそのやかましさに驚き、あきれるのです。

イギリス、フランスなどヨーロッパでは、よほど慎重に時計を見ておかないと発車のベルも鳴らないまま、電車はプラットホームからおごそかに出発します。公共交通＝発車のベルと認識していた私にとって、静まり返ったヨーロッパの駅に二十代のころは、どこかそら恐ろしい感じさえ覚えました。

電車に乗っても、懇切丁寧に繰り返し次の停車駅をアナウンスしてくれるわけでもないので、やさしそうな人を見つけては、「私は〇〇駅で降りたいので、ぜひ教えてください」と、頼むことも習慣となりました。

日本のあるテレビ番組で、見知らぬ土地を旅行するときに感じるストレスについて、「一人旅と団体ツアーでは、どちらがよりストレスが大きいのか」を調査していました。私はてっきり見知らぬ人の間で気疲れする団体ツアーに参加するほうがストレスになるだろうと思っていましたが、結果は団体ツアーのほうがストレスが少ないということでした。たしかに一人旅というのは電車の乗り降りも含め、自分で判断し、行動しなければなりません。とくにガイダンスに慣れた日本人にとって、ヨーロッパのような、物言わぬ都市を訪れることは、とてつもない不安を伴うのでしょう。

団体旅行に関してもう一つ。日本の旅行パンフレットを見ると持参品リストとしてタオルから洗面道具、酔い止め薬まで、こと細かに記載されています。ところが欧米の場合は、特殊な装備が必要な旅行以外、持参品リストなどはありません。何を持っていくかは、すべて個人の判断に委ねられているのです。

前にネパールのトレッキングツアーに参加した際、アメリカの主催旅行社から届いたパンフレットには、「悪天候に備えてレインコートは持っていったほうがいいでしょう」とだけ書いてあり、ずいぶんあっさりしたものだと拍子抜けしました。ハワイやパリなど有名な観光地ならいざ知らず、ヒマラヤのふもとでトレッキングをするのですから、持ち物から服装や靴まで、注意事項はいくらでもあるはずです。ところがみなが自己責任によって成り立っていれば、ガイダンスは必要ないのだと思いました。

手取り足取りの習慣になじんだ日本人に英会話を教える欧米人の講師たちは、「日本人にマンツーマンレッスンは難しい」と言います。たとえ二、三名の少人数であっても、グループレッスンのほうが肌に合っているのだと。

個人になると、てきめんに弱気になるのが日本人です。一人で外国人に面と向かって英語をしゃべる恐怖心は、グループレッスンによって緩和されます。会話に詰まると人の陰に隠れることもできるからです。そのようなナイーブな一面をもちながらも、気心の知れた主婦のグループが集まると、まるで女学生のようにはしゃぎ出し、教師は圧倒されてしまうそうです。ところが、仲間が急用などで欠席して一人になると「私だけだと何ですから、来週みんなでそろったときに出席します」と、用のない人までが授業をキャンセルするそうです。

同じ現象は国際交流の場面でも見られます。編集部主催で定期的に外国人とのパーティーを行っていると、ほとんどの日本人は友達と連れ立ってみんなで参加します。まれに一人で申し込む人からは、必ず事前に電話があり、わざわざ「一人でも大丈夫でしょうか」と確認してきます。

それだけ、外国人の集まりに一人で飛び込むことが心配なのでしょう。パーティー会場では一人でやってきた男性も怯《おび》えた様子で壁際に立って、日本人グループを見つけると、ただちに合流するのです。

ところが、ネパール、ミャンマーなど途上国の人々は、必死でかたことの日本語を使い、積極的に日本人のグループに入っていき、友達をつくろうとしゃべりかけます。日本での人脈づくりは、未来への可能性につながるからです。そんな姿を見ると、貧しい国からやってきた人々は、一個人としてどんな環境でも堂々と生きているんだなと感じます。

一見、依存症に見える日本人は、裏返せば長いものに巻かれ、かなわぬ者に対しては、摩擦を避けるため従順になる。また顔見知りには寛容で、とくに身近な人には、どんなに理不尽なことでも見ぬ振りをして、ときには不正なことすら「まぁ、しかたがないか」と、許容してしまいます。

欧米の「論理性」や「合理性」に反するこのような日本人の「芯《しん》のない協調性」が、ガイダンスだらけの街やたくさんのルールをつくり出しているのです。

けれど競争社会になると、他人の意見に影響されやすい日本人特有の依存体質が障害になるということは、誰もが認めるところです。企業の年功序列はとっくに崩壊し、特殊技能をもち、即戦力となる人材を会社は欲しているのです。長いものに巻かれろ式の「長いもの」も危うくなっているのですから、うかうかできません。

欧米人は無能な上司の下につくと「チャンスだ。追い越してやれ」と、がぜん張り切るのですが、依存心の強い日本人は「上司のせいでやる気が失せて働く意欲がもてない」と、不満を募らせ会社を辞めていきます。

若者の多くは、上司が「仕事を教えてくれない」「話を聞いてくれない」と勝手に絶望し、「この会社に将来性を感じない」と、理想郷を求めて転職を繰り返していきます。社会はますます依存型になっているのです。

こんな話があります。業績不振に陥ったある自動車部品メーカーは、日産の立て直し成功例をまねて、会社再建のためアメリカで活躍する青年実業家を抜擢《ばってき》し、一大リストラに踏み切りました。リストラされた日本人従業員は、「会社に裏切られた」と憤懣《ふんまん》やるかたなしで絶望のどん底に突き落とされました。一方、国際部で働いていた数名のアメリカ人社員は、「次はもっと待遇のいい会社を探す」とさっそくほうぼうの会社に履歴書を送りはじめたそうです。

日本人は会社に依存しすぎるあまり自分をリストラした会社を恨み、アメリカ人のように冷静に経営事情を判断することができません。たとえ給料が払えないところまで経営が切迫していても、「お上が何とかするべきだ」と、他力本願で何一つ自分の行く末に手を打とうとしないのです。

そんな日本人を同僚のアメリカ人たちは、なぜ沈みかかった船にしがみついて自分たちまで溺《おぼ》れてしまうのか、弱すぎると批判しました。

一般的に欧米人は、自分たちのほうが精神的窮地に強いと自負しています。日本人は家族のため、またお国のためなど、誰かのために働くときには、ふだんは見せない使命感で鋼のように強くなり、それが集団になったときは、欧米人も太刀打《たちう》ちできない底力を発揮するというのです。けれど一個人になると弱いうえ、家庭・会社・共同体など、よるべき場所が崩れはじめ、あらゆる結びつきが崩壊しつつある今のような状況の中では、どこにも大義名分が見つけられなくなって骨ヌキになったといわれます。

けれど、それほど日本人は一人ひとりが弱いのでしょうか。

長いものに巻かれず、個人で立ち向かわなければいけない。しかも個人の価値観において判断し、行動する。欧米では当たり前の行動規範が日本に定着しないのは無理もありません。日本人は欧米人に比べ、個人より団体になったとき、より本来の力を出しやすい特性をもっているからです。それは欧米人が「騒音」と感じるガイダンスを日本人が「親切」だと受け止めていることでもわかります。

日本人は欧米人も認める秀でた協調性をもった国民です。おいしいものは隣近所に「おすそ分け」し、上場企業の社長といえども、社員食堂で社員とお昼を食べるのです。「私」より「みんな」、そこから震災、敗戦を乗り越え、最強の組織、家庭、会社をつくり出してきたのです。

「長いものに巻かれる」文化もなく、みなが張り合っていたなら、日本は一億総中流もなく、一握りの金の亡者が多くの貧乏人を操る国となり、今の発展はなかったのです。

そう考えると、私たちは無理やり一人になって競うより、信頼に足る「長いもの」を再生することが、日本人の底力を引き出すうえでより有効ではと思うのです。

アジア人なのに気分は欧米人

Japanese are Asians but act like Westerners

一九九五年に写真家・小林紀晴氏が書いた『アジアン・ジャパニーズ』（情報センター出版局刊）という紀行エッセイが話題になりました。日本社会を飛び出した青年たちが、インド、ネパール、中国などアジアの国々を放浪する姿が描かれ、アジア諸国の生々しい現実とさまよう日本人の心、その対比が強烈な印象を与えたのです。

産業の発展がピークに達した一九七〇年代、突出した経済力をもった日本は、アジアの中で唯一サミットに加盟するまでになりました。アメリカにおいて景気動向のカギは、航空機、自動車、住宅でしたが、日本は造船そして家電需要を爆発させることで、景気も生活の豊かさも底上げしたのです。

かつて福沢諭吉は脱亜論で、日本について「国土はアジアにありながら、国民精神においては西洋の近代文明を受け入れた」として、西洋の科学技術と近代文明の受容こそ、中国や韓国と決別する脱アジアであると主張したのです。幕府を中心とした旧体制より近代文明を選んだ日本の意識は、つねにアジアではなく西洋の一部たらんと突き進んできたことがわかります。

軍政によって民主化運動が抑圧されているミャンマー。そして、人口十一億人のうち、三億人が貧困層といわれるインドなどアジアの国々を見回すと、日本は戦後もマッカーサーやGHQによる民主化政策や非軍事化がなされなければ、「貧困」「権力」「差別」などいまだに難問を解決しきれずに、これほど欧米に近づくことはできなかったと思うのです。

一九六〇年代、来日したアメリカのビジネスマンに東京見物をさせようとしたある日本人は、彼を銀座、浅草の下町情緒あふれる路地裏や定食屋に案内しました。ところがアメリカ人の男性は行く先々で写真を撮るものの、取り立てて感動しているふうでもありませんでした。

数日間東京に滞在したあと、北京経由で香港、タイ、シンガポール、インドを回るというこのアメリカ人を見送りながら、「彼は満足したんだろうか」と案内した日本人は心配になりました。

その後、無事帰国したアメリカ人から彼のもとに手紙が届きました。

「アジアを回って気づいたのだが、食べ物がおいしく、ホテルからレストランまで清潔だったのは日本だけでした。日本は限りなく欧米に近い価値観をもった国だと、身に染みてよくわかりました」

その言葉に彼はとても安心したそうです。「欧米のようだ」と評価されることは、どんなほめ言葉より、長年にわたって欧米に追いつこうと走りつづけた日本人を安心させてくれるのではないでしょうか。

ファーストフード大国日本には、駅の近くにマクドナルド、スターバックスなど欧米のチェーン店が必ずあります。

国土に対するマクドナルド密度も、アジアで日本がトップなのです。日本の狭い国土にマクドナルドは、二〇一〇年二月時点で三千六百店舗もあり、一方、日本の二十六倍という広さの中国では、ようやく二〇〇八年に一千店舗に達しました。

また日本には、アメリカやヨーロッパ顔負けのショッピングモールや、住宅地には洋風住宅まで立ち並んでいます。東京湾を突っ切るレインボーブリッジをドライブしながら成田に向かうとき、ここはバンクーバーかマンハッタンかと錯覚するほどです。

出版物にしても日本で売れている女性誌の内容は、ヨーロッパやアメリカで見たものと寸分違わぬセンスで、日本人の美意識もまた世界トップクラスだと思えるのです。

アメリカのファッション誌で活躍する有名なライターが渋谷を取材した際、「この街の美的感覚はじつに刺激的で、世界トップクラスだ」と、絶賛したそうです。はたから見ても、日本には随所に欧米を超えるセンスが生まれているのです。

韓流ドラマが大ヒットしたときでさえ、多くの女性視聴者は美しい韓国人俳優の容姿に憧れながらも、「でも、どこか服装が時代遅れなのよね」と、ささやき合っていました。

そのころ、ソウルや北京を回って思ったのは、これだけ都市が近代化されているのに、洋服のデザインはどこか野暮ったいなということです。ステキなワンピースだと手に取ると、裾《すそ》にわざわざ幅広のレースがついていたり、胸元には考えられない大きさのリボンとラインストーンが留められ、そのまわりに再び赤や黄色のレースでアクセントがついている。

つまりは、アジア諸国を回ってみるとファッションから靴、生活雑貨に至るまで、洗練とは程遠い過剰なデザインによって、バランスや品位が損なわれたものが目についてしまいます。

中国、韓国では、とても丁寧な縫製の服も見つかるので、二十年前と変わらないセンスが惜しいと思うのは私だけでしょうか。

たとえば韓国の人が着る服の目安に、赤、黄緑、オレンジ色といった派手な色彩の服があげられます。彼らはモノトーン好きの日本人が敬遠するような色を好んで着ているのです。

今やソウルも釜山《プサン》も大都会。インターネットや映画で、いとも簡単に欧米のトレンドがわかるのに、一部の人を除いてファッションだけが流行と逆行していると感じるのは、装いに対する志向性が違うからなのか。それだけ私たちの基準は欧米的なのです。

「アジアを見る日本人の頭にあるのは、依然として、欧米流のしゃれたレストラン、デパート、ファッションだ」と、香港のインテリアデザイナーが語っていました。

ロンドンやニューヨークでは東京感覚で過ごすことができるのに、あれだけ発展した北京、台北、ソウルで感じた違和感。それは東京と同じような大都会なら同じような服装の人たちがいるはずだと、いつの間にか頭で勝手に決めてかかったせいです。

このような感覚は、見知らぬ土地でおなじみのマクドナルドやセブン－イレブンの看板をバロメーターに「この街、意外に発展してるじゃない」と安堵《あんど》する気持ちに相通じるものがあるようです。

私たちが「おしゃれ」で「品がある」と思う基準は文明開化のときから欧米であり、今なお欧米の情報を満載した雑誌や映画が土台になっていると思うのです。これは欧米礼賛やアジア差別ではありません。どんな民族も異質な文化への憧れは必ずもっているはずです。なかでも狭い島国に暮らす日本人は、黒い髪に黒い目、ずんどう体型と、毎日同じ風貌《ふうぼう》の人々に囲まれ生活しているのです。そんな私たちが同じ容姿のアジア人ではなく、手脚が長く、鼻スジの通った青い目の欧米人に注目するのは自然なことです。

日本に根づいたブランド志向も、コーチ（アメリカ）、ヴィトン（フランス）、バーバリー（イギリス）、オメガ（スイス）など、欧米へのあくなき憧憬《どうけい》の表れでもあります。

アジア諸国を旅行するたび、私たちはアジア人でありながら、心の座標軸を西洋に置く特異な民族に育ってしまったと、つくづく思うのです。

金持ちなのにブランドに弱い

The brand-loving rich

発行部数を誇る女性誌のその多くには、シャネル、グッチ、ランコム、ヴィトンと、ヨーロッパのスーパーブランドの広告が並んでいます。化粧品からファッションまで広告が溢れ、バブル期など、人気雑誌は「広告の積み残し現象」が起きるほど、人気雑誌のページを押さえるのは大変な競争でした。

数年前、セレクトショップが並ぶ東京・南青山の一角に、フランスの人気女優シャルロット・ゲンズブールが全色買い占めたという「ジェラール・ダレル」というフランス製バッグを売る店があり、とてもはやっているというので見に行きました。一点の値段が八万円もするというそれは、発売と同時に飛ぶように売れて、今や入荷まで二か月待ちという盛況ぶりでした。

近隣には一万円台で日本製のバッグを売るしゃれた店がいくつもありました。フランス製の入荷待ちバッグよりずっと洗練されたデザインですが、どの店も閑散とし、海外ブランド店が増えたこの界隈《かいわい》で、客足の流れが確実に変わっていることを物語っていました。

腐ってもフランスやイタリア製のバッグがいいという若い女性の価値観は、今や輸入バッグのシェアを四〇パーセント強にまで押し上げています。

このような、有名ブランドバッグに絶対的な価値を置く日本人買い物客は、韓国で一番のお得意さまです。二〇〇六年、警視庁がまとめたところによると、一年間で押収された偽ブランド品のうち、韓国から輸入されたものは全体の約四五パーセントを占める九万八千点であったことが明らかになりました。押収された韓国産偽ブランド品は、二〇〇二年の約二万一千点から二〇〇四年には約九万七千点と大幅に増え、日本人の類《たぐ》いなきブランド志向を内外に知らしめました。

物価高のソウルや釜山のマーケットをのぞくと、偽ブランドとはいえヴィトンと見まがうバッグが、一つ七千円近い値段で売られていました。本物からすれば十分の一以下の安価ですが、パイピングや留め金は使ううちに壊れそうで、デザインが似ている以外、バッグとしての魅力は乏しいと思いました。

私が日本人とわかると、店員は店の奥から偽物のシャネルのバッグやエルメスの時計を持ち出してきて、「ホンモノソックリ。ニホンジン、ニアウョ」と何でもいいから一つ買えと押しつけてきます。「お金ない」と言うと、今度は「安いのアル」とヴィトン柄のスリッパを並べはじめました。店主はブランドの柄、ロゴさえ似ていれば、日本人は偽物でも買うと信じています。

先日も、ソウルで大量の偽ブランド品を日本人に売りさばいていた男が、当局に拘束されました。ソウル市内の高級マンションにバッグや財布など偽物を陳列し、観光ガイドが連れてきた日本人客相手に稼いでいたそうです。

欧米を一流と見なす価値観は、極端なブランド志向を日本に定着させたのでしょうか。欧米人には東欧やメキシコなど物価の安い近隣諸国に、偽ブランド品を買いに行く習慣はありません。近隣国も、偽物を生産しても買い手はつかないと知っています。

彼らにとっては、品質が伴ってこその高級品であり、一流ブランドだと考えます。品質のよくない、単にデザインやロゴが似ているものを、なぜ日本人が喜んで買うのか理解できないのです。

絶えず自分が人からよく思われたいと思う日本人にとって、ブランドを持つことは自分を認めてもらうこと。日本人のブランド志向は、子どものころから、自分で判断したり、行動したりしなかったため、世間によしとされるものを持つことが安心につながると思う心理の表れと外国人は分析します。

ところが、ブランド品はステータスだけでなく、今や日本の女性たちにとっては貴金属を上回る生活担保的な価値までもたらしてくれます。バブル崩壊後、毎日のように飽きた高級ブランド品を質屋で売りさばき、生活費や遊び金を手にする女性客が話題を集めてきました。

そもそも質屋とは、貧しい庶民が生活費を捻出《ねんしゅつ》するため、八百年も昔の鎌倉時代に始まった金貸しで、三井財閥の創始者である三井八郎左右衛門高利も江戸で現在の三越にあたる越後屋呉服店を開く前は質屋だったそうです。その当時、人口七十五万人に対し質屋は約二千七百軒もありました。人口三百人当たり一軒の割合ですから、今のコンビニと競うほど質屋の数は多かったといわれています。

そんな歴史ある質屋に持ち込まれるブランド品の大半は、女性たちが交際中の男性から誕生日やクリスマスにもらったプレゼントです。彼女たちは身銭を切って得たわけでもない高級品を「型が古くなったから」「彼と別れたから」とさまざまな理由をつけて換金します。しかも質屋やユーズド・セレクト・ショップでは、「ヴィトンなら下取りするが、コーチはいらない」などとブランドの人気によって査定価格の格差が激しく、それが女性たちの価値観を左右しているのです。

しかもこんなシステムが人気ブランドの格付け、順位にまで影響を与え、人気を左右しているというからがっかりします。つまり、日本人のブランド好きは自分が絶対的にそのブランドにこだわっているわけではないのです。

欧米ではステータスシンボルとなっているスーパーブランドの時計やバッグ。それが、日本の女性の手に渡ると最後は質屋行き。ヨーロッパの人々がこだわるブランドの背後に横たわる一級の世界観や伝統よりも、日銭が入ればそれでよしとする即物的な物欲が消費行動を支配しているのです。

このような日本の若い女性を、日本人もかつては失笑を込めて「ブランド女」と揶揄《やゆ》しました。ところが、今やブランド志向は日本人だけの傾向ではありません。台湾、中国、韓国、シンガポールなど東アジアに加え、ロシアの裕福な女性たちもブランド品を持ちたがる傾向にあります。

ケンブリッジ大学で開催されたサマースクールに参加したイギリス人は、グッチのバッグやシャネルのロゴが入ったTシャツを誇らしげに身につけているロシア人留学生をあちこちで見かけて驚いたそうです。

「これこそ貧しい国の人々が突然金持ちになったとき生まれる現象だ」

日本に滞在したことのあるこのイギリス人は、ブランド志向は一種の経済成長の過程で起きる共通の通過点だと話していました。彼はさらに興味深いことを言いました。

「イギリス人が全身シャネルで身を包み、最新のフェラーリに乗っていたら間違いなく上流階級の人だと思われ、人々はクラス感を感じるものだ。ところが、日本ではこのような人がアパートに住んでいる」

彼が東京に滞在していたころ、隣のワンルームマンションに住んでいた男は、アルマーニのスーツを着て、新型ベンツで毎朝どこかに出かけていました。この男性に興味をもったイギリス人は、あるとき、駅前のセブン-イレブンで彼が働く姿を見てびっくりしました。わずか一キロに満たない距離を、わざわざ高級車に乗って移動する日本人の生活感覚を、イギリス人である彼は理解できなかったのです。

欧米では「身の丈に合った」バランスある生活を送ることが当たり前とされてい

ます。とくにイギリスの金持ちは成金ではなく、歴史的バックグラウンドを大切にし、生活も地味なのです。それはわざわざお金をかけてまで、今ある以上に自分を見せようとせず、他人の評価にこだわらないからです。

ロサンゼルスの大手広告代理店に勤める売れっ子のデザイナーは、六か月ごとに最新モデルの車に乗り換えることを生き甲斐《がい》としていました。車マニアの彼は、高級車に加えて大変高価なクラシックベンツも所有していました。

ところが彼は、客に会うときにはわざわざ社用車を使っていました。「変に誤解されて人間関係を壊すから」というのがその理由だったのです。バランスのとれた生活感覚を一種の品位と考える欧米では、職場に高級ブランドの服を着ていっても、それはマイナスにこそなれ、けっして周囲からうらやましがられる要因にはなりません。

高価な物、名前のある物を身につけることで、同時に自分の価値も引き上げられるヌーボーリッチ的発想は、裕福で生活文化が成熟した社会には根づきにくいものです。豊かな社会とは、麻布バッグ一つにもストーリーや価値を見いだし、職人の手仕事によって生み出された無名のバッグを逸品だと称賛する人々によってつくられているのです。

まず第一に、私たちが数限りない選択肢から、自分の生活基準に合わせてモノを選び取ることを幸せだと思えれば、「ブランドに弱い金持ち」と揶揄されることもなくなるでしょう。

第3章

自信のもてない日本人

Insecure Japanese

英語ができなくても国際人になれる

You can be an international man without English ability

世界に通じるインテリ人間の三大要素は、次のとおりだといわれています。

①運転ができること

②パソコンが使えること

③高度な英語力を身につけていること

運転、パソコンはいいとしても問題は英語。中学、高校で勉強したにもかかわらず、英語を話せない人が日本には圧倒的に多く、それが外国人を前にしたときの日本人の自信のなさにつながっています。

けれど心配することはありません。英語とはそもそも、その人の目的と実益に合うレベルを身につけることが大切だからです。

すでに書いたとおり、現在私は、『ミスター・パートナー』というイギリスの生活情報を紹介する出版社の代表を務めています。年に数回、スタッフ共々、イギリスに飛ぶわけですが、あるとき人手が足らなくなり、海外に一度も出たことがない、かたことの英語すら話せない営業マンに「行ってこい」と、白羽の矢が立ちました。

彼の任務は、イギリス南西部の——ヨーロッパで最長の身廊を持つ聖堂で有名な——ウィンチェスターにある、キング・ウォーク・マーケットの中のアンティークショップ約十店の取材および撮影をすることでした。出張が近づくにつれ、この営業マンはすっかり青ざめ、「行きたくない。怖い。もし、道に迷ったらどうしよう」と、周囲に訴えていました。

そこで、社内のそこそこ英語ができる者が、厚紙で英語のカンペを作り、それにヒモを通し、首にぶら下げてロンドンから電車に乗ればいいと彼を説得したのです。

「Where is the station?」——ホエア・イズ・ザ・ステーション?(駅はどこですか?)

「I am a Japanese editor」——アイ・アム・ア・ジャパニーズ・エディター(僕は日本人の編集者です)

「May I take a picture?」——メイ・アイ・テイク・ア・ピクチャー?(写真を撮

ってもいいですか？）

カンペとは英語、カタカナ、日本語を約三十枚の厚紙に書き連ねたもの。他の社員も困ったらこれをやさしそうなイギリス人に見せろと、いやがる営業マンを本気で説得したのです。

わずか五日間のイギリス取材旅行でしたが、帰国した彼は完璧《かんぺき》な写真を撮り、言われたとおり各店のオーナーから名刺を預かってきました。結果、イギリス各地のアンティークマーケットを紹介したこの号は、発売間もなく完売する好調な売れ行きを記録したのです。

彼はカメラを向けた店で取材拒否をされそうになると、首に下げた厚紙の中から「アイ・アム・ア・ジャパニーズ・エディター」のカタカナを見つけ、何度も読み上げたそうです。彼なりの英語を使って仕事をやり遂げたのだと思いました。

このように、英語とは、使わざるをえない差し迫った事情と目的意識があれば、見よう見まねでも何とか通じるものです。

「デル単」などの単語帳を使って、受験前には猛烈に英単語を暗記した日本人が、学んだ英語をいとも簡単に忘れてしまうのは、免許を取って車に乗らないと運転の仕方を忘れるのと同じで、使わないからといわれます。

子どものころから英語を覚えさせたほうがいいと、日本では小学校の英語必修化も検討していますが、使う目的のない語学学習はなかなか身にならないばかりか、「話せない」コンプレックスを肥大させます。また、かたことの英語が話せても相手の言っていることが聞き取れない人も珍しくありません。

海外駐在員の子どもたちは、現地校に入るとたちまち英語を話しはじめますが、それは子どもが必死で英語を勉強した成果ではなく、友達と遊び仲間になるため、つまり必要に迫られ必然的に覚えていくためです。

まず目的ありき。語りかける相手ありき。英語は世界十億人以上の人が使う地球語。話せるからといって、それは特別なことではないのです。

中央アジアに近いシルクロードの要所であった中国の辺境の地・トルファンで、ウイグル族の住む老朽化した各戸一間ずつの共同住宅を訪ねたときのことです。中国語も通じないイスラム家庭で、身振り手振りで「写真を撮らせてください」と頼んでみましたが、相手は見ず知らずの私に警戒するばかりでした。そのとき突然、廊下を走ってきた小学生の女の子が英語で話しかけてきたのです。共同トイレは汚物であふれ、一つしかない石造りの共同流しには、食べ残した羊肉が投げ込まれているような貧困層の住居でした。

私は目を見張りました。

穴の開いた靴を履く少女は、かたことの英語が話せる学校の先生に英会話を教えてもらったそうです。彼女は一家に撮影を頼んでくれ、通訳も買って出てくれました。

将来観光ガイドになって病気の母に楽をさせることが夢という少女には、強い意志もありました。

日本人が学ぶ英語を「現代の生け花」だと言ったアメリカ人がいました。どれだけ私たちが格闘しても、日本では教養となった英語を、確固たる目的がないかぎり、ものにすることはできないと思うのです。それぱかりか、ぬぐい去れない英語コンプレックスによって、堪能《たんのう》な一部の人が英語力を特権だと勘違いするのではないでしょうか。

日本ではいまだに英語を流暢《りゅうちょう》に話せる人に対して、「あの人は頭がいい」と評価する向きがありますが、英語がペラペラ話せることより、どれくらいおもしろいことを話せるか、何をやり遂げたかのほうがずっと重要です。日本でそこに評価が集まらないのは残念なことです。

特集企画のために、日本に住む外国人に「日本の最も嫌いな場所はどこですか？」とアンケートを取ったところ、「入管」（入国管理局）と同じぐらい「大使館」と、多くの人が答えました。

国際結婚をして東京に住むアメリカ人は、大使館でビザを更新するたび、ひどい目にあうとストレスをため込んでいました。

「アメリカ人の職員はとても親切なのに、日本人の女性職員はスノビッシュ（鼻高）で、申請者を見下した物言いをする」

彼は抗議したくても、ビザの更新を逆手に取られているようで、いつも我慢するしかない。英語＋欧米人＝特権意識の始まりと、日本人の体質を語ります。

これと同じ現象は海外でも耳にします。

以前、イギリスの日本大使館の対応がずさんだと、現地の日系新聞を中心にサービス改善を求めるキャンペーンが起きました。

「公僕ということを忘れた窓口の対応は、やってあげてるという高飛車な態度なのよ。同じ日本人なのにいつも不愉快になるわ」

外国に暮らす同胞に対し、職員の態度があまりにも事務的で杓子《しやくし》定規だと、日本人大使館員への不満は爆発しました。

それにしても大使館をはじめ、外資系企業や国際交流団体、外国の観光局まで、英語圏の人たちと働く日本人に漂う独特のプライドは、いったいどこからくるのでしょうか。

英語さえ話せれば国際人であり、かっこいいステータスという感覚は、日本独自のものです。たとえ英語が話せなくても、国際人として認められる方法は他にもあるのですから。

わずか従業員三人という東京のある小さな商社では、英語が話せるのは海外生活の長かった日本人の社長のみ。残る二人の従業員は、からきしダメでした。小さな広告をもらいにときどき社長を訪ねましたが、雑居ビルのワンフロアを借りたオフィスは海外のサンプル品であふれ、倉庫のようでした。

その商社で翻訳のアルバイトを請け負うアメリカ人が、あるとき私におもしろいことを言いました。あそこには国際人が二人いるというのです。

「一人は社長。もう一人は、まったく英語の話せない営業担当の男性だ」

その話を聞いたとき、私は理解できませんでした。会社が倒産して東北から転職してきた営業担当の男性は、英語はおろか訛《なまり》のひどい東北弁を今でも話す、国際人とは程遠いイメージだったからです。腑《ふ》に落ちない私がアメリカ人にその理由を尋ねると、彼はこう言いました。

「あの男は見本市でも、パーティーに同行しても、外国人が次に何をしたいか、どんなことを望んでいるのかが、見事に先読みできる。彼こそ国際人だよ」

「でも彼は英語ができないですよ。たまたまあなたが楽しそうな接客の場面に出くわしただけでしょう」

私は納得できずそう繰り返したのですが、そういう意味ではないとゆずりません。腑に落ちない私はさっそく、その商社の社長に会いアメリカ人の話を伝えると、

「同じようなことをこの前ハーバードから来日した研究員や、フランス人のバイヤーも言った。みんな、彼と仕事ができるのなら取引したいと、えらい好かれようなんです」

と、満足そうに自慢するのです。

英語がまったくできないのに外国人の気持ちがわかり、外国人に評価される。その事実は私がこれまでもっていた英語が話せる＝国際人という考えを、根本から覆しました。

注目の営業担当者は、外国人の前で頃合を見計らって飲み物を持ってきたり、商品パンフレットを見せるなど、日本人の得意とする気遣いを、英語が話せないと臆《おく》することなく、堂々と行動に表すそうです。

彼にとっての切りフダは英会話ではなく、長年の営業生活で培ってきた人を喜ばせる能力でした。彼は英語が話せないことで、インテリ人間の三大要素を満たしてはいませんが、誰よりも外国人に自分をアピールする力をもっていたのです。

英語ができないからといって外国人を避けるのではなく、自分の夢や、キャリアに培われた特技を盾にまず行動してみるという姿勢が、国際人に近づくカギだと考えさせられたのです。

言葉に出さずに心を読む「和」の会話

Harmonious conversation...Unspoken communication

日本人は基本的に相手を受け入れようとします。

もともと農耕民族であった私たちの祖先は、人とうまくやることは死活問題だったのです。水田農耕の村では、みんなで協力して主食の米を生産します。人の口から広まる害を防ぐため、互いの気持ちを敏感に察し合う卓越した読心術を身につけたのは、ケンカをすれば仲間外れにされ、ムラ社会で生きていけなくなるからです。

私たちが人に合わせることが得意なのは、過去から続く礼儀作法も含めた農耕民族の生活文化によるのかもしれません。

ところが、力勝負の勝ち負け社会に転じると、人に合わせる態度が弊害になり、自己主張できず、何を考えているのかさっぱりわからないと国際社会で批判され、意気消沈するのです。

なかでも日本にやってきた外国人が一番わかりづらいのが「イエス・オア・ノ

ー」式の会話です。日本語に訳すと、「嬉《うれ》しいですが、申し訳ないですね」とか、「やりたいのですが、待ってください」といった、相手を立てておいて本音で否定する、受容と拒否が同時進行する意思表示は、彼らにはさっぱり理解できません。加えて相手に嫌われないよう「ＩＦ」（もしこのようなことがあれば～）と先への可能性をおまけとして付け加えるなどという技は、自分の意思を素早く言葉にして伝える彼らにとって、ハードルが高すぎるのです。

たとえば隣に越してきた主婦に、「お暇なときはうちにも遊びに来てください。いつも家にいますから」と挨拶《あいさつ》されたカナダ人女性は、友人との約束がキャンセルになった日曜日の午後、隣の主婦の言葉を思い出し、得意のケーキを焼いて訪ねてみました。ところが、玄関を開けた主婦はすっかり困惑して、「嬉しいのですが、家が散らかっているので、別な日に互いの予定が合えば」と、未来への可能性を示してやんわり訪問を断ったそうです。

「来いと言われ、訪ねると迷惑な顔。くれるというから、ありがとうと手を出すとギョッとされる。日本人は世界の中でも最もわかりにくい民族だ」

このカナダ人女性は、相手に好意を向けられたのか、いやがられているのか、日本に来てからはいつも人の真意を考えるようになったそうです。

たしかに私たちは転居挨拶、新築挨拶の末尾にも、「お近くにお出かけの節は、ぜひお立ち寄りください」と書きますが、その言葉を真に受けて訪ねる人はいません。これまで何度、外国人の口からこのような儀礼的表現に混乱すると聞いたでしょうか。そのような日本人気質がよくわかるのは、レストランで料理を注文するときです。

日本人と食事に行くと「同じものでいい」と、みんな右へならえで同じ料理を頼むことを外国人は不思議がります。

外国人なら五人集まれば、たとえそこに目上の人や社会的地位の高い人が同席していても、遠慮なくめいめいが好きなメニューを注文して、何がおいしいのか食べ比べようとします。

恐縮して「○○さんと同じものを」と人に合わせることが、相手を立てることになるとは思わないのです。まして、同じメニューだと料理する人が楽だろうと気遣う発想もありません。

仲よく談笑する日本人カップルの隣に座り、アメリカ人とイタリアンレストランで食事をしていたときのことです。私たちが料理を待っていると、カップルのテーブルに注文していないピザが運ばれました。

料理を見るや「私、これ頼んでないのに」と口をとがらせる女性を、連れの男性が「恥ずかしいから文句言うなよ。もう作っちゃったんだし、これでいいじゃないか」と、たしなめました。

それを見たアメリカ人は、「なぜ『この料理は違う』と言うことが恥ずかしいのか」と驚きました。そこで私は日本人の配慮のからくりを説明しました。

「彼はピザを焼いたシェフの気持ちを考えろと言いたかったんですよ。オーダーミスの料理はシェフのそばで捨てられ、シェフは気分が悪くなる。たとえ違う料理でも、喜んで食べる人のほうが思いやりがあり、立派な人だとみんなも思うんですよ」

けれど彼は、客は金を払って食事をするんだ、間違いを正すほうが、店にとってもいいはずだと引きません。

私は、十九歳で欧米人とともにキャンプ旅行をしたときのことを思い出しました。参加者はアメリカ、イギリス、フランス、カナダ、オーストラリアと、欧米の若者が中心。キャンプ中は毎日交代で食事当番を決め、三人チームで朝と夜の食事を作りました。

ところがこの食事作り、早朝は眠く、夕方には外出していても早めに帰らなければいけないので、遊びたい盛りの若者たちには不評でした。

ある日、オーストラリア人の女性が、当番を忘れて夕方になっても戻ってきませんでした。それを知った他の当番は、カンカンになって怒り出したのです。代わりに誰が食事当番を務めるかより、すっぽかした女性に対する批判ばかり。人に合わせ、配慮する日本人なら、「いいですよ、私が代わりますから」となるところが、「今日私がやるのなら、週末は当番から外してよ」と、アメリカから来たグループは権利ばかりを主張するのです。辟易《へきえき》として、私と韓国人男性がそれとなくじゃがいもを洗いはじめました。それを見たアメリカグループは、「オー・アジアンピープル・アー・ワンダフル」と抱きついてきたのです。

移民国家のアメリカではすべてがオーバーです。喜び、悲しみ、怒りを民族の違う者同士が理解し合うとき、言葉は唯一のツールで、これを補強するのがオーバーアクションだからです。

らです。

「オー・マイ・ダーリン！」と人目をはばからず夫婦が抱き合うのも、「イッツ・ノット・ユア・ビジネス！」――おまえの立ち入る問題じゃないと人を指さし叫ぶのも、オーバーに表現しないと自分の意図が伝わらず、不利な状況に追い込まれるからです。

島国に暮らす私たちは容姿も同じ、言葉も同じ、共通の話題と価値観をもった均一性に守られています。以心伝心によって争い事を避け、万が一問題が生じても言い訳をせず、心を込めて謝れば謝るほど誠意があると見られ、問題は小さくなっていきます。

ところが欧米諸国、とりわけアメリカでは、謝るほど非を認めたとつっ込まれ、利害がからむととんでもない賠償を求められるため、体を張って「悪いのはそっちだ」と防衛するわけです。

けれど、こんな方法が最良かと問われれば、そうともいえないと思うのです。

ニューヨーク、マンハッタンの激安店で買い物をしていたら、アフリカ人女性店員に、中国人と連れ合いらしきインド人のカップルがお釣りが違うと食ってかかって「金返せ」騒動になりました。自国語訛の英語で、お釣りの五ドルをめぐって猛烈なケンカを続ける三人。アフリカ人の店員は他の客が待っているのにレジを止めて自分が正しいと叫び、そのうち列に並んでいた客はよその店に行ってしまいました。

この店は、五ドル論争によってその数倍はある利益と客を逃したのです。誰もゆずってくれない。言わなければ勝ち取ることができない。農耕民族が生きていくため主張しないとすれば、雑多な人種の中で生きる彼らは、生きていくために主張するのです。けれど、自分の利益のみを考え、声高に主張することに終始すると、対立や紛争が絶えなくなり、結果的に多くの犠牲を払うことになりかねません。

同じ主張する欧米でも、イギリスでは違った光景が見られます。ロンドンを代表する公園、ハイドパークの一角にある「スピーカーズコーナー」では、誰もが事前手続きも必要なく、あらゆるテーマについて人前で自由に演説できることで有名です。

ここは一八七二年の王立公園および庭園法で、集会の権限を公園当局に委任したことがきっかけで誕生した、言論の自由を象徴する名物コーナーなのです。やってくる市民の中には、三十年来、日曜日になると「スピーカーズコーナー」に立つ演説好きの常連もいます。

演説テーマは政治から宗教まで幅広く、「人は何のために働くのか」から「アインシュタインの相対性理論について」まで、多種多様。おもしろい話をする人の前には人垣ができるし、誰も聞いていなくても公園に向かって話しつづける人もいます。あるとき、「イスラムとヒンドゥーの違い」を語りはじめたインド人に、中東出の青年がものすごいヤジを飛ばし、はた目にはケンカか議論かわからないくらい白熱しました。市民はただ、それをじっと見ているのです。

互いが一歩もゆずらないのではなく、相手が何を考えているのか、まずその意見に耳を傾ける。同じアングロサクソンの国でも、イギリスには語る文化と同じく聞く文化も定着しているようです。このバランスを保たなければ社会は失速してしまうでしょう。

何かをしてほしいときに、「これやってよ」と言葉に出す欧米人。一方、超一流の読心術を心得た私たちは、「Yes or No」または、「But & If」をごたまぜにした会話で以心伝心、気持ちを伝えます。はっきりしないほうが自分も傷つかず、他人も不快にならないからです。

裁判に持ち込み明確に白黒つける日本の訴訟件数は、アメリカに比べて圧倒的に少ないといわれています。和を大切にする日本人にとって、たとえ自分の主張が通ったとしても、後々しこりの残る決着は意味をなしません。できれば双方の顔を立て、互いが納得できるよう調整することが最良の解決策なのです。

国際摩擦が起きるたび、大声を張り上げ主張するアメリカを前に、日本は言葉を失っているようにも見えます。けれど、それは政治家の能力不足というより、言葉で本音を表明しない習慣から来るのではないでしょうか。

私たちが大切にしてきた争い事を避ける「和」の力。日本人は本音を言わないと批判されるだけでなく、今こそ本気でこの手段を国際政治や外交の場面で発揮して、その有効性を世界に実証すべきだと思うのです。

個性を根絶やしにする社会

Society that diminishes personalities

私の会社で二十代の若者を採用面接する際、「あなたは親からどんなことを一番うるさく言われましたか」という質問をします。すると大半の人が、「人に迷惑をかけるな」と言われたと答えます。とくにここ数年間、「いい学校に入れ」とか、「勉強しろ」と言われて育ったという話はあまり聞いたことがありません。

人に迷惑をかけない――これさえ守れば、世の中に出てもまわりの人にかわいがられ、わが子は幸せになれると思う親が多いからでしょう。

けれど和を大切にする日本で、世の中にうまく溶け込むことは、えてして個人のもつ独特の考え方や行動を型に押し込めることになります。十人十色という言葉があるように、この世に同じ人間は存在しません。人間社会が絶えず変化していくのも、個性と個性がぶつかることで、新しい道筋ができていくからです。

ところで、私が外国人向け情報紙を立ち上げた一九八〇年代は、日本で金を稼ごうと野心を抱いた英語圏のバックパッカー、ワイルド・ネイティブが増えた時期でもありました。

彼らは英会話スクールや翻訳会社でパートタイムの仕事を見つけ、円高の日本で百万円単位のまとまった貯金をつくり、渡り鳥のように再び東南アジアや南米に飛び立っていったのです。

彼らに日本の魅力を尋ねると、「英語さえできれば仕事にあぶれない」「日本では英語圏の男は女性に人気がある」と、夢を語ります。

ところが日本を知るにつけ、彼らは壁に突き当たります。お金は稼げるものの、期待していたロマンスは頓挫《とんざ》。それは個性のない日本女性との交際に限界を感じるからです。

当時、スイス銀行の国際金融部門で働くエリートアメリカ人と知り合った私は、ユニークな日本人の女性を紹介してほしいと頼まれました。ハーバード大学で経済学博士号を取得するために帰国を目前に控えていた彼は、大の親日家で、真剣に日本人女性との結婚を考えていました。

ネイティブ、長身、しかも一流銀行に勤めるエリートとあって、六本木界隈《かいわい》で彼に声をかける日本女性は後を絶たなかったそうです。けれど、「話をしておもしろいと思える女性がいない。美人でスタイルのいい女性はたくさんいるが、会ってもつまらない」と、彼はフリーペーパーに「パートナー求む」の広告まで出しました。発行後すぐに、百人近い女性から手紙を受け取ったそうですが、理想の女性と出会うことはできませんでした。

個性がなく、退屈――日本にしばらく滞在すると外国人たちは、ストレンジ（奇妙）か、アンユージュアル（普通でない）な日本人に会いたいと言いはじめます。もともと日本人は均一化されているから、かなり変わった人でないと欧米人にとっては手応えがないのでしょう。

ちなみに、彼らの求める個性的な人という概念がどんなものか、その一端は、世界大学ランキングでもつねに一位を競うオックスフォード大学、ケンブリッジ大学の入学試験に見られます。両校に入るには、七歳ころから専任の家庭教師をつけ、学校でつねにトップの成績を収めなければいけません。受験資格を得ること自体、厳しい制約があるのですが、さらなる難関、教授面接が待ち受けています。私はその内容を聞き、とても驚きました。

たとえば、「無限に高い塔があるとして、その塔の内側を塗るにはどれくらいのペンキが必要か」という質問。聞かれた生徒は、教授からノートの上でどうやって考えを組み立てるのかを見られます。また、「あなたの踊りを見るように私を説得してください」という奇問では、日本人が最も苦手とする受験者の独創性が試されます。

個性より協調することを教えられて育った日本人は、一流大学を出たエリートと呼ばれる人でさえ、見知らぬ人に自分の発想を伝えることは苦手です。こんな面接を受けたら、とても太刀打《たちう》ちできないでしょう。

勝ち負けを競う運動会でも、みんなで手をつないで一斉にゴールに駆け込み、実力を曖昧《あいまい》にするのが日本の風潮です。けれど世の中には駆けっこは遅いけれど、計算は速いという人もいます。個人のもつ能力の差、その違いが個性の基盤なのに、そこを平均化しようとするから、独創性まで根こそぎにされてしまうのではないでしょうか。

知り合いの娘さんは中学二年で、公立中学から東京都下にあるインターナショナルスクールに編入しました。修学旅行で夜、男子とパジャマのままおしゃべりした

という だけで次の日に全員怒られました。また、授業中、先生から「わかったのか。わかったのなら、はいと言え」と、軍隊のように立たされるなど、画一的な公立校の教育についていけなかったのです。そんな彼女が不登校になり、両親は日本で約二百近くある外国人学校の中で編入可能な、欧米式教育を行うインターナショナルスクールに編入させました。

インターへの編入直前、すっかり学校嫌いとなった少女にカナダ人の教師は欧米式の学校で学ぶにあたって重要なことを告げました。

「日本の生徒にはなじみのないことだと思いますが、欧米では授業を生徒と先生が一緒につくっていきます。私たちは生徒を一方的にあてることもしないから、思ったことは、手をあげてどんどん発言してください。黙ってノートをとる子どもでは、ついてこれないのですよ」

欧米式の教育は暗記するより、考え抜くことに力点を置くからです。

そもそも日本は、日本人という単一民族でつくられた家族国家です。会社でも学校でもみんなが輪になって仕事をしたり勉強したりするには、独自の発想やキャラクターをもった個性の強い者より、ひたすらそこでの方針を受け入れる人のほうが、まとまりやすいと好まれます。それは同時に、自分の主張を閉じ込める訓練でもあるのです。親や教師が何かを問うと「ハイ」としか言えない子どもが、成人して会社に就職したとたん、すごい企画や戦略を立てられるはずがありません。日本の企業にとって、従うだけの「いい子」は使い道が限られてくるはずです。

イギリスからやってきた日本語の堪能な心理学者が、日本の大学を訪問しておもしろい調査を行いました。それは部屋に集めた五人の生徒に、「今から一分以内に何でもいいから十の言葉を黒板に書きなさい」というものです。その結果、黒板には全員が書いた五十の言葉が並びました。次に心理学者は「この中の三十五文字を使って、おもしろい話をつくりなさい」とそれぞれに命じます。

ところが日本でこの実験を進めていくうちに、彼は意外な事実に気づきました。日本人の大学生は二パターンの話しかつくれないというのです。

一つはトイレなどを題材にした汚い話。そして、もう一つは血や殺人者といった言葉が並ぶ猟奇的な話だそうです。このようなパターン化現象に疑問をもった学者は、念のため今度は会社員にも同じ実験を試みたのですが、結果は同じ。似たり寄ったりの話しかつくれませんでした。

「ヨーロッパではファンタジーや恋人の話。動物やヒットラーが主役になったり、料理の作り方まで、あらゆる題材の話をみんながつくる。子どもから大人まで想像する楽しさを知っているんだ」

彼は、戦後急激に工業化が進んだ日本は、個性より企業の歯車となるイエスマンを量産したのだとつぶやきました。

イエスマンの子孫は、たとえば発想力が乏しくても、「俺ってかなり変わってるかも」と仲間に吹聴《ふいちょう》します。自分が人と同じでありたくないと言いながら、外から見れば日本という水槽の中で、ただ漂っているだけ。服装も話の内容も嗜好《しこう》性も均一化された日本人の一人であるという認識さえもてないままなのです。

では、どうすればこのような環境で周囲に押さえつけられることなく個性を育てることができるのでしょうか。

おもしろいことに、同じ日本人でも海外で育った帰国子女は、欧米人並みの発想力があります。彼らと話すと、帰国子女の表現力が、日本で育った生徒とずいぶん違うことに気づかされます。

それはなぜでしょうか。

独創性や個性は刺激のない単一グループからは生まれません。さらにいえば、同じような考え、経歴、環境の人とつきあっていても、個性の芽は磨耗するばかりです。

すでに書いたとおり、ほぼ単一民族で構成された島国日本の中にいると、まるで家にいるように安心できます。北海道に行っても、沖縄に行っても、共通の話題と同じ言語で誰とでも語り合えるからです。

ところが、中国のように五十を超える少数民族を抱えたり、アメリカやイギリスのように移民国家となれば、事情はまったく違ってきます。よくも悪くもなあなあでは同じ国民として共存できないのですから。語学を学んだり、文化を知るなどあらゆる方法を駆使して人とつきあわざるをえないのです。相互理解の道のりは大変ですが、そこから、新たな発想や独創性も身につくのです。

私たちはときには慣れ親しんだ群れから離れることが大切です。日本の中にある外国人コミュニティを散策したり、海外の映画や文学にふれて刺激を受けることで、隠れていた独創性を掘り起こす糸口が見つかるのではないかと思います。

なぜ国際社会のマナーに慣れないのか

Why can't Japanese follow the manners of the international society?

日本人は国際社会のマナーに慣れていないと批判されます。最近でもテロ特措法の問題、ミャンマーへの対応など、待ったなしで起きる世界情勢の変化に対応が遅いと文句ばかり言われ、世界からは敬意を払われていないのが実情です。

それは日本人が国際社会のマナーに疎いせい。一言でいえば、歴史観、生活習慣、宗教観も含めた、あらゆる国の考え方を理解し、受け入れ、かかわる態度が希薄だからでしょう。

国際社会のマナーとは、平たくいうと、たとえ異質であっても、他国の千差万別のルールや考え方をオープンに受け入れること。この世の中には、肌の黒い人も白い人もいる。豚肉を食べない人、クジラを食べることを野蛮だと批判する人もいれば、しかたがなく泥水を飲料水にして生きている人もいる。そういうリアリティをもって、地球上にはいろいろな人が共生していると認めることです。

残念ながら日本のテレビで流されるニュースは圧倒的に国内の話題が多く、海の向こうで紛争や災害が発生しても、その扱いは小さなもの。「どこそこで誰が殺された」とか「政治家が不正を働いた」など、あくまで日本中心のトピックスが選択されていきます。

その結果、在日外国人は日本に滞在して一年もたつと、「浦島太郎現象」に見舞われます。海外で何が起きているかわからなくなり、自分が取り残されたような体験をするのです。

今でこそ日本でもケーブルテレビが発達し、CNNやBBCなど世界各国の番組が見られるようになりましたが、それも加入者のみの特権。一九八二年のフォークランド紛争のとき、多くのイギリス人は「信じられない。地球の裏側で戦争が起きているのに、トップニュースが『日航機羽田沖墜落事故』を引き起こしたパイロットの〝逆噴射〟や〝心身症〟についてばかりだ」と、憤慨していました。

タレ流しとも思えるお粗末なバラエティ番組がゴールデンタイムを占める。そんな日本のテレビに塩漬けにされ、国際情勢に関する記事がごくわずかの新聞、週刊誌を読む。報道において閉鎖的な日本に引きこもっていると、本当に日本のルールが世界のルールだと錯覚してしまいます。

このぶれを修正するのに、海外旅行は絶好の機会です。短期間でも海外の空気にふれてみることで、国際社会のルールを感じることができるからです。

ところが意外にも、日本はドイツ、イギリス、アメリカなど先進国の中でも海外旅行者数は最下位なのです。以前新聞で読んだアメリカ人による記事「unknown FAX about Japan」の中でも「日本ではごく一部の人しか海外に出ていない」という記述がありました。

二〇〇九年の海外旅行者数は一千五百万人、国民の約十三パーセントが外国に出かけている計算になりますが、実際には海外旅行マニアとも思えるリピーターが多いため、海外に出る層は限られているのではないかといわれています。その中には、語学などの問題から、パックツアーを利用する人もいるのですが、空港集合から始まって、現地でも分刻みの予定を添乗員に管理される日本式ツアーは便利な半面、せっかくの海外体験を狭めてしまいます。

あるアメリカ人は日本人の妻と二人で添乗員付き中国旅行に参加したところ、つねに参加者と一緒に駆け足で行動させられるうえ、行く先々でじゅうたん屋、宝飾店など、お土産《みやげ》店に連れていこうとする添乗員に「まるで修学旅行のようだ」と辟易とし、わずか一日で「友達に会いに行く」と、別行動に切り替えました。

「あれでは日本人同士が固まって金魚鉢の中から中国を眺めるようなもの。現地の人とふれあう機会もない」というのです。

添乗員はチケットの管理から通訳、現地ガイド、ドライバーの手配、ひいてはレストランの食事や買い物の手伝いまで、まるで召使いのように現地人と日本人との間に立って走り回ります。

参加者にしてみれば、何も煩うことがなく楽なのですが、こうなると何度海外旅行をしても、現地の暮らしぶりに直接ふれあうことはおろか、いつまでも外国人との溝は埋まらず、国際感覚も身につきません。あげく、どんな国に行っても「ハウマッチ」と「サンキュー」しか口にしない無意味な旅行になるのです。

英語圏の若者と陸続きのヨーロッパを旅していると、次の国に到着する前に、みんながガイドブックを開いて「ありがとう」「こんにちは」などの挨拶を現地の言葉で覚えていることに気づきました。どうりでフランクフルトでも「ダンケ」（ありがとう）や「フェアツァイウング」（すみません）、「グーテン・ターク」（こんにちは）といったドイツ語がスラスラ言えたわけです。

アメリカ、イギリス、カナダ、オーストラリアといった英語圏から来た人たちが「英語は世界の標準語」とばかりに、どこに行っても「サンキュー」「グッドバイ」を繰り返していたなら気づかなかったことでしょう。それ以来、私も必ず訪問国への礼儀として、主要な現地の言葉を事前に覚えるようになりました。

数年前、アウシュビッツ収容所を取材で訪ねたときも、ポーランドの玄関口、ワルシャワ空港で私はスタッフとともに、ポーランド語による挨拶を確認し合いました。

取材に必要ないくつかの「ありがとう」「日本人」「いくら」という言葉をボールペンで手のひらに書き、ユダヤ人の教会、シナゴークなど、緊張感が高まる場所でも「ジェンクゥイェン」（ありがとう）の一言で友好的に迎えられ、事なきを得ました。

漢民族の少ないシルクロードでは、中国語はほとんど通じず、ウイグル語に変わります。ガイドにいち早く「ヤクシミシズ」（こんにちは）を教えてもらい、店や通りで人と目が合うと、ウイグル語で挨拶し、頭を下げました。

通訳を介さない現地語挨拶の効果はどの国でも絶大で、人と人との垣根がたちまち溶けるから不思議です。

東京でも外国人に道を聞かれますが、旅慣れた人はこちらが英語で対応しても、必ず「アリガト」と、日本語でお礼を返します。発音がおかしく、たどたどしい日本語ですが、一瞬、心が温かくなります。

現地の言葉で挨拶を交わす。簡単なようですが、これこそ他の国を理解し、違いを受け入れる国際社会のマナーの第一歩だと思うのです。

海外文化の憧れからなかなか抜け出せない

Japanese are unable to stop adoring foreign cultures

私たちの生活は住まいから食事、エンタテインメントまで和洋折衷といわれていますが、その土台は圧倒的に中国や西洋など外国の文化です。

イギリスやアメリカなど世界を支配した列強国は、自国の文化に自信をもち、貧しさから立ち上がろうと懸命な国は、豊かな国のまねをすることが向上であり、学びとされてきました。

なかでも日本人は、「物まね民族」といわれるほど外国のいいものを取り入れては改良することが得意で、今から千二百年以上も前に中国からやってきた漢字から、ひらがなカタカナを生み、儒教を精神のよりどころにしました。

また、明治時代の文明開化では「西洋に追いつけ、追い越せ」をスローガンに、鉄道、洋風建築、洋服、肉食文化まで、ひたすら西洋のスタイルを取り入れました。

当時から日本は、富岡など人件費の安い製糸女工の過酷な労働によって、生糸の輸出高を上げ、それによって得た外貨で機械設備を整え、軍艦を購入していったのです。

戦後も資源のない日本は物を作り、輸出することで莫大《ばくだい》な利益を得てきました。キューピー人形に代表されるセルロイドのおもちゃ、鉄鋼、自動車と、品質のよい日本製品は、アメリカやヨーロッパで再び外貨を稼いだのです。

日本人の暮らしが少しずつ潤いはじめたころ、アメリカのホームドラマが日本でも放送されるようになりました。

当時、薪で風呂を沸かしながら、日本でも人気だった『名犬ラッシー』を見た母は、貧しくも一人息子に温かい「パパ」と「ママ」のあり方に憧《あこが》れたそうです。ヨークからスコットランドに引き離されたラッシーが、ボロボロになりながらも少年のもとにたどり着く感動的なクリスマスの場面。ところが母は、ラッシーの行く末より、欧米人が過ごす幸せそうな一家団欒《だんらん》の模様に引き込まれたそうです。大きなツリーや見たこともないようなテーブルの上の肉料理は、長崎の街中に出ても目にすることができなかったからだとか。

また、世界的に大ヒットしたドラマ『パパは何でも知っている』には、大型冷蔵庫、オーブン、ファミリーカー、大型犬、広い芝生のある一戸建てなど、夢のような暮らしが広がっていました。一九五〇年代の豊かなアメリカを描く、善意に満ちたこのようなドラマの舞台となったアメリカンハウスは、やっと寝食が分かれた2DKの公営住宅に喜んでいた日本人にとって、強い衝撃と憧れになりました。

主人公は家族の上に次々と起こる日常的トラブルを解決する、やさしく賢明なパパ。アメリカに行けばこんな父親がそこら中にいると、日本の子どもや妻たちはドラマの世界にうっとりしました。

そのころの父親といえば高度経済成長を支える企業戦士として、子どもの顔を見ると「宿題したか」「早く風呂に入って寝ろ」と、一台しかない白黒テレビの前に陣取って威張り散らす暴君でしたから、その思いはことさらだったようです。

母親世代は『暮しの手帖』で欧米人のように家電を使いこなす知恵を学び、『スポック博士の育児書』（暮しの手帖社刊）でアメリカ、イギリス、ドイツなどの幼児教育が最高の子どもをつくると信奉しました。

私が小学生だった一九六五年からの十年間は、進級するたびにどの家でも少しずつ電化製品が増えていきました。生活道具から家庭に対する考え方まで、当時は日本型生活大革命期だったのです。海外旅行は一九六五年にジャルパックが登場するまで、庶民にとって高嶺《たかね》の花。親戚《しんせき》の誰かが海外に出ようものなら大騒ぎとなり、子どもたちは学校で自慢したものです。

手に入りそうで入らない外国。本物を知りたいのに、本や映画でしか見られない。このような欲求がハングリー精神となり、さらに欧米志向は高まりました。

十九歳で出版社に勤務した私は、「ミセスのお宅拝見」という特集のために、生まれて初めて東京・福生《ふっさ》の横田基地でアメリカ人の住まいというものを目の当たりにしました。そこには映画で見たようなシナモンの香りが漂う広いキッチンがあり、リビングには大人の男性が横になっても余りあるフカフカの大型ソファが置いてありました。座ると体全体が沈んでいき、動くたび大小並べられたクッションが床に落ちやしないかとハラハラしました。

さらにキッチンから出てきたのは、大きなホールのチョコレートケーキ。銀色のサーバーやジョッキのように大きなマグまで、すべてがおしゃれで豪華に感じたものです。

「これがアメリカ人の家なんだ」

口にこそ出しませんでしたが、広い部屋に立派な大型家具や世界中から集めた雑貨を飾るだけで、日本でもこんなにステキな住まいができるのだと、彼らのセンスに圧倒されたのです。

ショッキングだったのが、昔、実家の流しや物置に転がっていた竹ザルやわらじが、リビングの壁に貼りつけられていることでした。日本人の生活道具がアメリカ人主婦の手にかかると、骨董《こっとう》ランプを置く以上にセンスのよいインテリアに変わります。

今でこそ和の世界は世界共通のアジアンスタイルともてはやされていますが、当時の日本人は洋ものを前に、日本の生活道具は古くて野暮ったいと葬り去る傾向が強かったのです。それはある意味、今も続いている日本の西洋志向が土台になっています。

映画や音楽の売り上げランキングを見ても、上位に入るのは洋ものばかり。本の世界でもブリュッセル、フランクフルトで開催されるブックフェアに、出版社はこぞって版権取得に出かけ、海外ものの売れスジを押さえようとします。村上春樹、よしもとばななの小説など、日本の著名作家の本が海外に輸出され、出版されることが以前に比べて多くなってきたとはいえ、『カラマーゾフの兄弟』など、海外の作品が輸入され翻訳される割合と比べると一対九ともいわれ、海外でヒットした本を読みたがる日本人が圧倒的に多い傾向を表しています。

記憶をたどると『菊と刀』（ルース・ベネディクト）、『金持ち父さん 貧乏父さん』（ロバート・キヨサキ）、『ダ・ヴィンチ・コード』（ダン・ブラウン）、『ハリー・ポッター』シリーズ（J・K・ローリング）と、日本ではあらゆるジャンルの海外本がベストセラーとなりました。

「日本人ほど欧米に興味をもっている民族はいない。西洋への憧れは明治時代から現在までずっと続いているのだ」とは、海外著作ライセンス専門家の話です。

いつの世も貧しい国は先進国の文化を輸入し、最新の情報や考え方を知ろうとしてきました。それは中国、台湾、韓国など日本に続くアジアの国々が二十年ほど前から日本の本や雑誌を輸入し、ファッションからライフスタイルまでを学ぼうとしていることを見てもよくわかります。

二〇〇六年の国連調査によると日本人一人当たりの資産は十八万ドル（約二千万円）。世界で最も豊かな国となった日本が、追いかけるだけにとどまっていていいのだろうかと疑問です。西洋に学ぶということは、それを取り入れ、新たな行動を起こすことで意味をなしていくからです。

今や加盟国が二十七か国、総人口が五億人を超える体制になったＥＵは、日本が最も不得意とする意思決定をスピーディーに行う多数決制など、独自のルールを積み上げています。それによって食の安全や環境問題など、先進国が足踏みしていたテーマに次々と手を打っているのです。

文化も言語も違う小さな国々と手を取り合い、人や車が自由に行き来できる選択肢の広い社会の到来。このように西洋には文化以上に学ぶべきことがたくさんあり、今もなお、日本のとるべき指針を示しています。

経済的に世界の頂点に立った今、私たちは独自の日本文化を本気で維持し、ＥＵのように、近隣諸国との連携に踏み出す時期にきているのではと思います。その手法を日本は欧州から学び、得意とするまねと改良によって自国に根づかせるべきです。そこからたくさんの工夫が生まれ、未来への道すじも見えてくると思うのです。

第4章

日本人が尊敬されるために

To become a respected Japanese

対等に意見を言える人が尊敬される

People who can converse equally with others are respected

日本を一歩出れば私たちもガイジンです。そこでどんな国の人と出会っても、「Being able to adapt」——溶け込むことができれば、国籍に関係なく平等な人間関係が築け、日本人としての品位も保てるはずです。そのような人こそ、たとえ言葉が通じなくても、外国人から一目置かれると思うのです。

スコットランドの島々をめぐるクルーズ旅行に参加したときのことです。このクルーズはイギリスの環境保護団体「ナショナル・トラスト」主催ということもあり、約一週間のクルーズには約二百名の一般客に加え、イギリス人の大学教授や学者なども乗り込んでいました。

船内は年配の欧米人だらけで圧倒されました。アジア人は私たち四人だけ。二百対四で欧米人と寝食を共にするのですから、かなり気を遣いつつ行動し、関係者に話を聞かなければと緊張しながら数日が過ぎたある日のことです。同行した新入社員の一人に、大学教授が突然近づいてきました。

「君はこのクルーズをどう思うかね」と、教授はおだやかに尋ねてきたのです。

イギリスでもトップレベルのエジンバラ大学の教授が、なぜ彼に質問を向けるのか、見ている私のほうが緊張しました。ところが、二十五歳の彼は動じる様子もなく、「そうですね……」と少し考え、自分の考えを話しはじめました。

会社ではどちらかといえば目立たず、マイペースで編集のアシスタントをこなすこの青年は、イギリスで語学を勉強した経験はあるものの、いわゆる帰国子女のように個性的とか欧米ナイズされた振る舞いをするタイプではありません。

ハラハラする私を尻目《しりめ》に、二人の話はいっこうに終わる気配もなく、教授は、「I think」(僕はこう思うのですが)と青年が何かを語るたび、「では、君はこの点はどう思うんだ」と、食い下がります。

そのやりとりはイギリス人にとても愛された日本人の一人、松平恒雄氏を彷彿《ほうふつ》とさせました。一八七七年生まれの松平氏は、日本が軍国主義に傾いていた暗い時代を生きました。彼は「アイ・シンク(I think)、アイ・シンク(I think)」——「私は沈む(sink)、私は沈む(sink)」と、日本人には難しい「th」の発音のためにイギリス人を混乱させましたが、とても信用があったそうです。

感情表現がストレートな欧米人は、退屈だと思えば適当に会話を打ち切りますが、おもしろいと思えば、相手が外国人でも年下でも平等に議論します。会話のイニシアチブをとる青年を見ていた私は、誇らしい気持ちになりました。

教授が去ったあと、抑えきれない好奇心から、あの教授と何を話したのか青年に尋ねたところ、「君はクルーズで何がおもしろかったかとしきりに聞くので、『イギリスの高齢者は自分で興味がもてるものを探すけど、日本人は年をとるにつれ受け身になってしまう。この違いを発見したことが最大の収穫でした』と答えたんですよ」と、嬉《うれ》しそうでした。

彼はクルーズの最中だけでなく、滞在先のロンドンでも、よく外国人に声をかけられていました。

この青年は外国人に関心をもたれ、尊敬されるものをもっていたのです。

それは、自分のオリジナルな意見、そして「平等」(equality)という皮膚感覚です。

そういえば、ロンドンでもイギリス人を魅了するある日本人男性の話を聞いたことがあります。兄弟で小さな貿易会社を立ち上げ、もう十年以上ロンドンに暮らす四十代の男性も、この新入社員と同じタイプでした。

限りなくイギリス人気質を学んだ彼は、どんな些細《ささい》なことでも素早く自分の意思を、いつも明るい方向で示すそうです。彼が怒った顔を見たことがないとみんなロをそろえるほど性格はおだやかで、イギリス人の誰かが引っ越すと聞けば、「レット・ミー・ヘルプ・ユー」（手伝わせて）と本当にやってきて、楽しそうに家具を運ぶのだそうです。

イギリス人の引っ越しスタイルは、友人知人の手を借りることが常ですが、彼のような事業で成功した日本人が現地のイギリス人を手伝うことは珍しく、「彼の明るさは、気まぐれな〝インスタント・サンシャイン〟じゃない。この国の流儀を理解しているんだ」と評価されているのです。

彼には明確な意志、平等感覚に加えて、日本人が弱いとされている相手の文化に敬意を払い、尊重する姿勢がありました。

在日外国人向け新聞で累計八十か国もの大使夫人をインタビューした連載は、大変読者の話題を集めました。いずれも外交官のパートナーにふさわしい魅力的な女性でしたが、なかでもイギリス大使夫人の姿勢は圧巻で、流暢《りゅうちょう》な日本語でのインタビューに続いて、校正刷りも日本語で修正してくれたのです。夫人は八十か国中、日本語での読み書きができるただ一人の人でした。

同じころ、夫が皇族の秘書を務めるという女性からも、「イギリス大使館で働くイギリス人は、ほとんどの人が日本語で自分の意見を言うんですよ」という話を聞きました。彼女は仕事柄、夫婦でほうぼうの大使館主催のパーティーに出席するそうですが、現地の人と同じ目線に立って赴任国で働くことに長《た》けている、イギリス大使館員の姿勢に感銘を受けたそうです。

陸続きで隣国と接するヨーロッパの人々は、他国の文化を受け入れることに慣れているといわれています。その中でドーバー海峡を隔ててはいるものの、シャイで頑固な一面をもつイギリス人は、かつて世界中で植民地政策を進めた歴史の名残か、どんな国に行ってもその国の生活文化に関心を示し、現地の人々と対等に語り合う楽しみを知っていると思うのです。

どんな立派なスピーチより、日本語で校正してくれた事実に、夫人の日本に対する敬意を感じました。その上で指摘されたアドバイスは、じつに信憑《しんぴょう》性があったのです。そこに夫人の意見、物の見方はきっちりと表れていました。

ひるがえって、私たちはどうでしょうか。日本に暮らす外国人と同じ目線でつきあい、相手の文化を受け入れようとしているでしょうか。それによって、私たちは尊敬されているでしょうか。この点ははなはだ疑問です。

残念ながら在日外国人の多くは、日本人とつきあう困難さを訴えているからです。

「日本人は外国人に、ガイジンセレブというVIP待遇で接するか、敬遠して近づかないか、いずれかのパターンなのです」

日本に住んで二十年たつアメリカ人の宣教師は、日本という国は外国人が普通の日本人とふつうにつきあうことが難しい国だと言いました。

電車やバスに乗っても、外国人の隣に座りたがらない人や、「ガイジンはグズだ」と満員電車から降りざまに体当たりして罵倒《ばとう》する人など、日本人にとって外国人の存在はつねに特殊なのです。

自動車部品などを作る多くの工場があり、外国人労働者が多い愛知県では、その対応は県民の間でもたびたび議論になっています。同県春日井《かすがい》市の外国人生活実態調査を見ると、ブラジル、韓国、中国、フィリピンから出稼ぎに来た外国人の疎外感が透けて見えました。

「外国人たちは春日井の市民から孤立している。外国人が日本人の輪に入れずに集まっていても、どうぞ私たちに近づいてきてください」

あるアンケートには、日本人というグループソサエティを前にどうすることもできない外国人の本音が綴《つづ》られていました。

「セレブガイジン」「出稼ぎガイジン」と呼ばれる在日外国人の多くは、一生懸命日本の習慣を守っているのに自分は受け入れてもらえないと感じています。

彼らが求めるのは、同じ目線でつきあってくれる相手。文化や国籍も含め、受け入れられることなのです。

ところで、私は生け花や折り紙を外国人に教えた経験がありません。外国人に何かをしてあげる、教えてあげるという感覚の中には、「国際交流」という大義名分が張りついているようで、本来の人づきあいとかけ離れたものを感じるせいかもしれません。

交流目的で接すると、たちまち外国人とのつきあいが窮屈になり、重荷に感じてしまうのです。

昔から日本では「型に始まり、型に終わる」ことが、能や生け花など伝統芸能や文化の基本と伝えられてきました。けれど、私たちの形式を大切にする傾向に反して、外国人、とりわけ欧米人は「実質」を尊ぶ気質が強いのです。

外国人から尊敬されるためには、この実質をどれだけ会話やつきあいで分かち合えるか、そこが大切なのです。

評価が高まった日本人の旅行マナー

Japanese travel manners are reputed

第二次世界大戦後は、日本だけでなく世界中が戦後処理や国の立て直しに追われていました。当時海外旅行は富める国の特権だったのです。

戦後、ヨーロッパに最初にやってきた団体旅行者はアメリカ人でした。「外貨」「巨体」「大食い」、どこに行ってもアメリカ人とわかる彼らをヨーロッパの人々は、「アメリカン・ツーリスト・アニマルズ」と呼びました。次に台頭したのは自動車産業の申し子、「ジャーマン・ツーリスト・アニマルズ」――ドイツ人旅行者です。そして、一九六〇年代後半に「ジャパニーズ・ツーリスト・アニマルズ」が登場するのです。

添乗員が旗を掲げ、その後ろを軍隊のように二列になって歩く奇妙な一団。胸に旅行会社のバッジをつけ、パリやロンドンの街を観光する日本人旅行者の姿は、田舎《いなか》から初めて都会に出てきた「おのぼりさん」でした。

そのころ、添乗員としてアメリカやヨーロッパを回った男性は、「旗を持つのはかっこう悪く、本当にいやだった」と、その後十年ほど続いた「団体旅行」＝「旗」という習慣を振り返ります。参加者からも「かっこう悪い、日本の品位を下げる」といやがられ、今では激減したと教えてくれました。

今と違って当時の海外旅行といえば、一生に一度できるかどうか、宝くじに当たったような高級レジャーでした。旅行者はできるだけ多くの国を回ろうと何度も飛行機や列車に乗り換え、限られた時間の駆け足旅行をしたのです。それには目印になる旗と、現地事情に詳しい添乗員が必要だったわけです。

FIT（フリー・インディペンデント・トラベル）が圧倒的に多い現在のパックツアーは、係員による飛行場からホテルまでの送迎がつくのみ。後は自由行動というスケルトンタイプが主流です。昔と違って海外旅行が国内旅行より安くなったのですから、諸事情はかなり違っています。

団体旅行のマナーにしても、日本人はわずか三十年の間に目覚ましく進歩しました。昔は海外、とりわけ欧米諸国を旅する日本人は、その無知さからずいぶん現地の人のひんしゅくを買ったようです。

あるとき、イタリアの現地ツアーで二十人の日本人団体客が、他国の団体より先に大型バスに乗り込んだのですが、全員がわれ先に窓際に座ってしまいました。欧州では旅行といえば夫婦連れが圧倒的に多く、後から乗車した他のグループは、「なんとひどいマナーだ」と言い、顔をしかめて夫婦別々に座ったそうです。

外国人が気分を害しているなど夢にも思わない日本人は、窓に張りつくようにカメラを構え、身を乗り出しては、離れた席に座る連れあいに「教会が見えたよ」などと叫びます。海外旅行の興奮で周囲がまったく見えなかったのでしょう。

日本というムラ社会を一歩出れば傍若無人に振る舞えるのも、日本人同士という安心感あってのことです。これが現地の習慣やマナーを無視し、嫌悪されたゆえんです。

フランスではいまだに日本人の団体旅行をいやがるレストランがあります。給仕が日本人のテーブルにつきたくないとごねるからだと聞きました。

「日本人はアメリカ人やドイツ人より金持ちなのに、チップをくれない」——これが給仕を担当するギャルソンの言い分でした。

じつは観光が大きな産業の一つになっているヨーロッパでは、サービス業に従事する人の基本給与はとても低く、客からのチップは、彼らにとって固定給を補う貴重な収入源なのです。十八歳でロンドンのヒルトンホテルのベルボーイとなった男性は、固定給与が約十万円、それに対して客からのチップは月平均三十万円もあったそうです。

今から二十年以上昔の話ですから、もろもろの事情は異なるとしても、日本にはないチップという習慣は、それがルールとなっている国では無視できないものです。ロンドンの高級レストランで「あなたいくら払うの」「私は払わないわ」「じゃあ、私も」と、右へならえ方式でチップを払わない。あるいは、日本の一円に相当する一ペンスを、小銭がたまってサイフが閉まらないからと、テーブルにうずたかく積み上げる団体客に遭遇しました。全部合わせても百円にも満たないチップを残されたボーイは、バカにされたと憤慨し、出ていく日本人に挨拶《あいさつ》もせず、憤懣《ふんまん》やるかたなしで、追い立てるようにバサバサとテーブルクロスを取り替えたのです。

外国人によるチップ制が崩れたせいか、クレジットカードを使う人が増えたからか、ヨーロッパのレストランでは飲食代にあらかじめ一〇パーセントのサービス料を加算する店が増えました。理不尽だと思うこともありますが、その国の事情であればしかたがありません。それがいやなら、チップのいらないショッピングセンターのフードコートや定食屋で食べるしかないのです。

こういった諸外国の習慣は、実際に行ってみなければわかりません。どんな国を旅してもそつなく振る舞う「旅慣れている」人は、それだけ失敗を重ね、海外でのマナーを身につけてきたのだと思います。

その甲斐《かい》あってでしょうか。イギリスのある旅行雑誌がヨーロッパ各国のホテルを対象に調査したところ、「世界のマナーのいいツーリストランキング」(二〇〇七年)の第一位に選ばれたのは日本人でした。

一方、元社会主義国であるロシアや中国は、マナー教育の立ち遅れから、かなり評判が悪かったようです。これらの国の人々は、いまだにほうぼうでひんしゅくを買う傾向にあり、その姿はかつての日本人団体旅行客を思わせます。

先日もこんな報道がありました。イギリスの田舎町で列をつくってバスを待つイギリス人を無視して、ドヤドヤとやってきた中国人の団体客が彼らより先に割り込み乗車をしたというのです。考えられない彼らの傍若無人な態度はイギリス人の怒りを買い、国内外で大きく報じられてしまいました。

並んで待つこと（queue）は、自分と他人の権利を等しく認めるイギリス人の基本的生活文化です。一方中国では、人を押しのけてでも乗らなければ置いてきぼりにされる「早い者勝ち」が当たり前。「なぜ並ばなかったのですか」というインタビューに、ある中国人は「もたもたしていたら中に入れず自分だけバスに乗れないと思ったから」と答えたそうです。けれど中国十三億人の流儀は、先進国では通用しません。野蛮で横着と思われ、印象が悪くなるだけです。

北京オリンピックを前に、何とか最低限のモラルを身につけさせようと、中国は必死でした。「並ぶ」ことを知らない国民に、11という数字が人間が二人並んでいるように見えることから、毎月十一日を「列に並ぶ日」と定め、「国をあげて都市の文明レベルを上げる」という政策まで発表しました。

けれど、基本的な道徳教育や人権意識の低い中国では、オリンピック開催後も、ウイグル族の弾圧など、マナーどころではないニュースも報じられています。

中国そして韓国の団体客は、近年、日本各地にも倍々でやってくるようになり、そのマナーは、ほうぼうで問題になっています。

韓国に最も近い長崎県・対馬《つしま》では、一九九九年に釜山《プサン》～対馬間に高速船が開設され、対馬を訪れる韓国人は二〇〇一年の九千六百十五人から、二〇〇五年には約四倍に増えています。週末一泊二日の日程で対馬観光に訪れる観光客の三〇パーセントは釣り人たち。釣りは韓国ではリッチなレジャーで、一般韓国人には高嶺《たかね》の花ですが、対馬に出向けば韓国人釣り客のための民宿もあり、釣り船をチャーターしても一人当たり四万ウォン（約五千二百円）～五万ウォン（約六千五百円）と格安なのです。最近ではメジナやクロダイもたくさん釣れるとあって、釣り客と観光客に民宿を提供する韓国人まで出現しました。また、韓国人が別荘を建てるための土地やホテル用地を探す韓国企業も出てきたそうです。

当初、対馬の人々は経済が潤い、雇用の促進につながると韓国からの団体客を喜んだものの、受け入れてみればお金はいっこうに入らないことに気づきました。

食堂に入れば料理を一品だけ注文して、それを全員で分け合って食べる。民宿やホテルでは、食事は一切いらないと言ってコンビニのおにぎりを持ち込み、素泊まりしかしない。車が来ているのに道に広がって歩く。釣りが終わると餌《え》づけのエサやゴミをまき散らすので、北部の海はヘドロ状態。その上、放置された釣り糸が漁船のモーターに絡みつくなど、深刻な被害まで出ています。それでも韓国からの旅行客を追い返すことはできません。

国際フェリー港のある厳原《いづはら》の商店街を歩くと、町はたしかにハングルだらけでした。「韓国人お断り」と、一度は韓国人の入店を禁止した店も、次々と「友好店」に変わっています。トラブルはあるものの、仕事のない離島にとって団体旅行客は、日本人であれ韓国人であれ受け入れざるをえないからです。

北海道・旭川も旭山動物園効果でここ数年、毎年百万人ずつ東アジアからの団体客が増えていますが、ここでも中国、台湾、韓国のツアー客のマナーが問題になっています。禁止しても動物にお菓子をあげる、人気のペンギン館で水中トンネルに座り込み、人の流れを妨げるなど、彼らの好き勝手な行動を注意することが動物園の管理業務になってしまいました。

日本がそうだったように、国力が上がればモラルも上がります。十年たてば状況は変わるのかもしれません。

少なくとも、田舎者と呼ばれた日本人旅行客は今、世界で最もマナーがいい国民となりました。阪神大震災のとき、あの局面で飲み水をもらうのに列をつくる日本人をニュースで見た世界の人々は、非常事態においても礼儀正しい日本人の姿に深く感動したといわれます。

このようにさまざまな場面で日本人が国内外で勝ち取った評価を誇りに、私たちはこれからも堂々と海外へ旅立ち、日本人の品位を伝えたいと思うのです。

「恥じらい」「遠慮」は美徳にはならない

"Hesitance" and "Humbleness" are not virtue

私たちはえてして人の気持ちを察するあまり、謙遜《けんそん》したり、遠慮することが最高の社交術だと考えがちです。ところが海外に出てみると、この控えめな態度が裏目に出るのです。わかりやすくお話しするために、遠慮深いという点で日本人と大変気質の似ているイギリス人のあるビジネスマンが、初めてアメリカに行ったときのことを紹介します。

彼は、取引先に招かれたディナーパーティーの席で、ドラム缶のような体型、そばかすだらけの顔をした妻の腰に手を回すアメリカ人の社長に、「奥さんはとても美しい方ですね」とお世辞を言いました。すると、その社長は妻を上回るガスタンク並みの腹を揺さぶり「サンキュー。そのとおり、彼女は世界一きれいだ」と満足そうに笑ったあと、予期せぬ難問を突きつけてきました。

「彼女のどこが一番魅力的だと思ったか、君の口から直接妻に言ってあげてくれ」

今さらお世辞と言うわけにもいかず、妻が目をうるませて何とほめられるか待ち望むなか、イギリス人の目に彼女の太い指先が目に入り、「指先が……」と答えたそうです。妻はその言葉を真に受けて、「これでネイルサロンにつぎ込んだ甲斐があったわ」と大喜びをし、事なきを得たとか。

前にもお話ししましたが、多くの移民で社会を形成するアメリカのような多民族国家では、恥じらいや遠慮は日本ほど評価されません。奥ゆかしい人ほど、欧米諸国で存在感がなくなるのもこのためです。

海外だけではありません。東京で外国人向けの旅行代理店を経営する日本人社長は、某英語学校のオーナーであるアメリカ人に留学斡旋《あっせん》の専任契約をとりつけようと、自宅を訪問しました。着いたのが昼の十二時ということもあり、アメリカ人社長は「一緒にランチをどうかね」と誘いましたが、初めての訪問でごちそうになるのはあつかましいと思った彼は、「どうぞお気遣いなく」と断りました。

するとそのアメリカ人は、「そうか、じゃあそこに座って待っていてくれ」と彼をソファに座らせたまま、家族とともにおいしそうなラザーニャを食べはじめたのです。朝も昼も食べていない空《す》きっ腹の彼は、まさか客の目の前で社長が食事をす

ると は思わなかったようで、おいしそうな料理の匂《にお》いに「しまった」と後悔したそうです。

その後、ゆっくりランチを食べ終えた社長は、「じゃあ今から始めようか」と膨大な書類を彼の前に並べ、二時間休むことなくしゃべりつづけました。彼は、おなかがなっているのを我慢しつつ、外国人の前で二度と遠慮などしないと誓ったそうです。

これまで書いてきたように、自分をおとしめたり、我慢したりして相手を立てるという感覚は、日本人独特の考え方です。それはどこかに、相手が自分の配慮に気づき、評価してくれるだろうという期待があるからです。けれど、まず相手の行動ありきという受け身の交際術は、主体性がなく、外国人相手の人間関係ではうまく機能しないのです。

ある国際会議のレセプションで、主催者であるカナダ人から「ぜひ君に一言挨拶してほしい」とスピーチを求められた日本人の大学教授が、「自分より社会的地位のある各国の先生方がいらっしゃいますから、私は遠慮しておきます」と言って、やんわりとハンドマイクを返しました。教授は日本の流儀で遠慮してみせたのですが、会場に居合わせた外国人はその態度を見て、「みんなの前で話一つできないなんて、あの男は能力がない」とスピーチを断った教授への評価を下したそうです。

そのとき「私が話しましょう」とみんなの前に立ったのが中国から来た研究者でした。彼はたどたどしい英語で、わずか数分間の短いスピーチに自分の思いを込めました。

「自分は一人で研究室にこもっていた数年間、憧《あこが》れをもってここにいる著名な先生方の本を読みました。国際会議に参加できた最大の喜びは、実際に本の著者にお目にかかれたことです。ここにご招待くださり感謝します」

そのスピーチは、彼の思いを的確に表していました。

会場からは大きな拍手が起こり、スピーチを断った日本人の大学教授は「あのくらいなら自分も言えたのに」と、口惜《くや》しい思いをしたそうです。

けれど、すべては後の祭り。中国人研究者のまわりには人が集まり、世界的に有名な学者たちとの交流が始まりました。

前に出るという意味では中国の人たちもけっして物怖《ものお》じしません。

広大な国土、文化や風習の違う少数民族を抱える中国もまた、アメリカと同じ多民族国家という一面をもっているからです。その上、ひしめき合う国民同士の生存競争、紛争もあります。

そういえば、西安を旅行中、車道に飛び出し、車にはねられそうになった私は、中国人のガイドに、「中国では人の命より車のほうが大切なんだ。事故にあっても、人が多すぎて見向きもされない。気をつけてください」と注意されました。

中国人に恥じらいや遠慮がないのは、モラルの欠如以前に、主張しなければ生き残れない緊迫感があるから。逆にいえば、もじもじしている間に先を越され、正当な評価を受けられなくなる。あるいは、万が一不当なぬれぎぬを着せられ、罪に問われたりすると、進学、就職、結婚にまで影響が及ぶ国営監視システムが、中国にはいまだに残っているからです。人生は自分次第ということを彼らは誰よりもわかっているのです。

英語はいつも「I」から始まります。私という主語が先頭に立ち、その後何をするのかという動詞が続くのですが、じつは中国語もこれと同じ構造なのです。これに対して日本人の会話からは主語がたびたび抜けるうえ、会話の最中も「あれですよね」など、「あれ」が何を指すのかわからない曖昧《あいまい》表現が多いのです。

これもまた中国の話ですが、日本語を勉強中という大学生にホテルまでの道を教えてもらった友人が、お礼にと彼をお昼に誘ったのですが、何度言い直しても簡単な日本語が通じません。

「あなた・親切・私たち・ホテル・帰れました・時間あれば・お礼に・ごちそう・する」文節に分けた丁寧な日本語を聞く彼は、きょとんとするばかり。友人が日本式に丁寧に話すため、何を言いたいのかわからないのです。それに気づいた私は、「あなたと・お昼・ご飯・食べます」そう言うと、彼は謎《なぞ》が解けたように「はい・食べます」と言ってくれました。

前に日系ハワイ人から日本人と話すとイライラすると言われたことがあります。「何を言いたいのかわからないうえ、一番最後に結論を言うから」と。

私たちにしてみれば最大に配慮した、「恥じらい」や「遠慮」が盛り込まれた丁寧な話し言葉は、外国人にはわかりづらいばかりか、ときにはコミュニケーションの障害になることも忘れてはいけません。世界に出れば、端的でストレートな表現や態度のほうが心地よく、ぶれのない思いを伝えるのに適しているのです。

語学力よりユーモアのセンスを磨く

Improve your sense of humor rather than language

私は外国人のスピーチや講演を聴くのが大好きです。専門的な話になると語学力がついていかず、配られたプログラムやリーフレットを後で読んでだいたいの趣旨を把握する程度ですが、機会があれば話を聞くようにしています。結婚式のスピーチや政治家の談話でも、話しはじめに必ずジョークを飛ばすなどして聴衆の心を見事につかみます。

学者、作家など博学な人の講演は、難しいテーマについて話すときも、立ち居振る舞いも含め、冒頭のインパクトがおもしろく、英語が完璧《かんぺき》ではない私は、話す人の表情や身振り手振りに引き込まれてしまいます。

このような話を聞いたことがあります。

二〇〇〇年にクリントン大統領が来日した際、迎える側の森喜朗首相はとても緊張していたそうで、「ハウ・アー・ユー」(ご機嫌いかがですか)と言うところを

「フー・アー・ユー」（あなたは誰ですか）と、言ってしまったというのです。口を滑らせて森氏はどれほどあせったことでしょう。

ところが、クリントンは「アイ・アム・ア・ハズバンド・オブ・ヒラリー・クリントン」（私はヒラリーの夫です）と、見事なユーモアで彼の失言に答えました。

さすがと感心したのも束《つか》の間《ま》、すっかり慌てた森氏は「ミー・ツゥー」（私もです）と、再び墓穴を掘ってしまったとか。

森氏は英会話に重きを置くあまり、型どおりの挨拶文をしゃべろうとして失敗したのでしょう。それをカバーしたクリントンの上質なユーモアは、知性と相手へのサービス精神がなければとっさには出ないものです。しかもこの知性とは、専門知識ではなく豊富な情報量によるものではないでしょうか。

「英語力」は「国語力」といわれますが、その「国語力」のもとになるのは「感受性」だと思うのです。たとえば小説の文章や、映画の映像の底に流れる作品の意図、話す人の思想、時代背景をどれくらい感じ取り、キャッチすることができるか。

これはネットで調べたり、誰かに教わって理解するものではありません。とにかく、あらゆることに関心をもち、新聞を読み、ニュースを見るなどして自分の引き出しを増やさなければ、豊かにならないのです。一流の落語家や銀座の一流ホステスの読書量は膨大だといわれますが、北野武さんもコメディアンとして全盛のころは、トイレの中まで本を持ち込み読書していたそうです。

そうした日々の積み重ねの中で増やした情報量と、人前で臆《おく》することなく話す習慣が合体したとき、機知に富んだユーモアが生まれるのです。

二〇〇七年、在世中の元首相では初めて、イギリス国会議事堂内に鉄の女サッチャーの銅像が建立されました。そのときサッチャーは、「鉄の像になるかと思ったけれど、銅像ですね……銅もいいですよ、錆《さ》びないから」と、自らを引き合いに出したクールなユーモアで、人々の笑いを誘ったといいます。

よく外国人は「日本人はまじめだが、杓子《しゃくし》定規で肩が凝る」と言います。欧米では社会的地位の高い人ほど気の利いたユーモアを発し、好印象を残すもの。これは上流社会のたしなみの一つでもあり、ここから個人の品位も生まれます。

日本では政治家をはじめ「先生」と呼ばれる人の中には、ユーモアどころかケンカを売るような傲慢《ごうまん》な物言いをする人が目につきます。

世界のメディアが集まる日本外国特派員協会（外国人記者クラブ）には、国内外の「時の人」がゲストとして招かれますが、話題が大きいほど世界有力のメディアがそろい、報道陣の数も増えるものです。

安倍首相が辞任表明した直後に開かれた麻生太郎氏と福田康夫氏の会見には、米ロイター通信、英タイムズ、仏ル・モンド、中国人民日報など各国の看板メディアが集まりました。

ゲスト席の正面に着席した私は、両氏のゲストスピーチや質疑応答を食い入るように聞いたあと、大変がっかりしました。

その日はイヤホンによる同時通訳サービスがありましたが、麻生氏は外交手腕をアピールするため、自ら外国人記者を前に英語でスピーチしました。けれど、それはあらかじめ用意した、一ページに数行という大きな文字でタイプされた英文を読み上げるもので、「べらんめぇ英語」と日本の週刊誌が書き立てるほど居丈高でした。また、質疑応答の場面でもふれられたくない経歴について問われると、「その質問は前にも受けたが」と記者をにらみ、イギリス経済紙の記者が日本の景気対策について尋ねると、「経済紙ならばわかってるはずだが」とよけいな前置きをつけ、ケンカ腰で挑むのです。

せっかく次期首相候補の話を聞こうと外国人記者が集まったのに、「何も新しい発見はなかった」と、落胆の声もほうぼうで聞かれました。しかも彼らについてきた議員たちは記者団を前に会見中ずっと居眠りする始末。これでは二人の答弁が眠くなるほど退屈だったとPRしているようなもの。話の下手なつまらない議員のどちらかを首相の座に就けようとしている日本人は、さらに無能ということになります。

一方的に何かを伝えるだけの日本の教育が、世界に日本を知らしめる重要な公の場で大いなる失態を生むとすれば、私たちは本気で教育を何とかしなければいけません。

ユーモアは知性と感受性の卵です。私たちはなぜユーモアに弱いのでしょうか。江戸時代の日本では、ユーモアのセンスをたたえた芸能、文学、芸術が花盛りでした。たとえば、たった一人で五人も十人もの人間を演じる落語は、江戸情緒あふれた芸で、私たちが忘れてしまった日本的なユーモアに満ちています。

残念ながら、こういう伝統的ユーモアは、「日本も西欧の植民地にされてしまう」という明治の維新志士たちの危機感によって薄らぎました。産業を興し貿易を盛んにしたころから、強い陸海軍をつくり一億一心となって日本を守ろうとした日本人は、ユーモアを不謹慎なものだととらえはじめたのでしょう。

ところが、その中でユーモアを大事にした日本人の組織が一つだけありました。意外にもイギリスをお手本にした海軍です。そこでは「ユーモアのない者は海軍士官になる資格はない」と言い渡したそうです。ただし、そのような閉鎖的な軍部の動向など庶民がうかがい知るよしもなく、これが国民に流布されることはありませんでした。

明治以後、夏目漱石はじめ日本人の文学者たちがせっかく、ユーモアの本場、イギリスに学んだにもかかわらず、そういったセンスを日本に伝えきれなかったのは残念です。

ユーモアは危機的状況に立たされたときに、最も大きな威力を発揮する精神的価値の一つです。日本の政治家がユーモアのセンスを身につけたなら、世界にもっと魅力的な日本人像がアピールできるのではないでしょうか。

外国人に尊敬されるためには、私たちは語学力を磨くより、まず第一級のユーモアを身につける必要がありそうです。

日本人のサークルに閉じこもらない

Venture out of Japanese circles

外国人は、よく日本人を閉鎖的だといいます。日本に暮らしていると「グループ主義」とか「家族国家」といわれてもピンとこないのですが、海外に出てみると外国人と同じようにこの意味がわかってきます。

私がロンドンで現地の日本人留学生と待ち合わせをすると、必ず何人かの留学生も一緒にやってきます。そこでみんなで食事をしたり、パブに出かけるのですが、「イギリス人とずっと顔をつき合わせていると気疲れするわ」と、日本人に囲まれ羽を伸ばす留学生らの様子に、「留学生の約七割は留学しても英語を話すことができないまま日本に戻ってくる」という斡旋業者の話を思い出しました。

私の知り合いは、ロンドン語学留学で英語どころか関西弁を覚えて帰ってきました。大阪出身の同級生といつもベッタリだったからということですが、年間学費、生活費合わせて平均相場が二百五十万から三百万という高い留学費用を出した親にしてみれば笑えない話です。

彼女たちは定期的に日本人同士集まって、終電までイギリス人の悪口をしゃべりつづけるのでした。

在英日本人約六万人の大半が住むロンドンの日本人村は、日本人同士のつきあいが密で、非常に閉鎖的といわれています。

そのようなムラ社会で日本人駐在員やその家族はさらに過酷な生活を送っています。駐在員の妻たちは、慣れない土地であるうえ、近所に住む女同士のつきあいに神経をすり減らし、ストレスを抱え込むと聞きます。一方、夫たちは、週末になると日本からやってくる本社の役員や同僚・上司などの接待、お世話に駆り出されます。会員制ゴルフコースでプレーし、行きつけのレストランで会食と、これまた日本にいるときより詰め込みスケジュールとなるのです。

駐在員の多くは仕事以外現地人とのつきあいはなく、おいしいレストランは知っていても、イギリス人の家に行ったことがない人も珍しくありません。現地の人が実際どんな生活を送っているのかより、毎日の予定を消化するのに精いっぱいなのでしょう。

また、欧米では賃貸生活の主流となっているルームシェアも、日本人同士で固まって暮らすケースが多いようです。

日本人女性をガールフレンドに持つイギリス人デザイナーは、彼女に誘われてロンドンの閑静な住宅地に建つ大きな家でルームシェアをすることになりました。挨拶に出てきた大家さんは、ロシア系イギリス人の老女。新しい賃貸人がイギリス人男性とわかると「あの家には二十年間ずっと日本人グループが住みつづけていた。あなたが初めて加わる欧米人よ」と驚いたそうです。

短期旅行であれば「日本人を見たくない」と、空港やホテルでは避ける人が多いのに、長期滞在となれば、まるで兄弟のように日本人同士集まって、たとえ英語が堪能《たんのう》でも、日本人が外国人を避けようとするのはなぜなのでしょうか。

異国での緊張が生むストレスはたしかに大変なものですが、何らかの形で日本人グループから脱して個人にならなければ、見えるものも見えなくなります。

それは英語疲れに加え、気疲れによる外国人恐怖があるからではないでしょうか。

『ミスター・パートナー』で、「海外で差別された経験があるか」とアンケートを取ったところ、七六パーセントの人が「ある」と答え、差別された国もアメリカ、イギリスなど欧米諸国に集中していました。たった一度でも海外で差別されてしまうと、萎縮《いしゅく》してますます苦手意識が強くなってしまうのだと自分の過去を思い出しました。

イギリスの景気が低迷していた一九八〇年代、私もロンドンで母親に手を引かれた少年に「イエローピープル」と指をさされ、いやな気分になりました。また、閑散としたレストランでは、テーブルクロスもかけてない出入り口横のテーブルに通され、差別されたと感じました。

ロサンゼルスの空港では、手荷物検査の黒人係員に、バッグの中身を調べるからと別室に連れていかれるや、いきなりバッグを逆さにゆさぶられ、中身をテーブルにぶちまけられたのです。その乱暴さにリップクリーム、眼鏡や小銭は床に転がり、顔面蒼白《そうはく》な私をチラリと見た係員は、何を調べるふうでもなく「これを拾ってもう行け」と、無言で出口を指さしました。

何という国だろうと爆発寸前の怒りを抑え、テーブルや床に散乱したバッグの中身を腰をかがめ拾い集めたのです。

そんなことが重なって以来、欧米人を見ると自然に避けて通るようになりました。

そして困ったことに、わざわざイギリスに行っても、恐怖心から現地取材がスムーズにできなくなってしまったのです。食事をとる店も、泊まる民宿（B&B＝ベッド・アンド・ブレックファースト）も、すべてアジア系移民が経営するところばかりを選ぶため、イギリス人との生の会話ができず、渡英の意味がなくなってしまいました。

外国人恐怖というよりは、差別されたことが一種のトラウマになったのでしょう。

そんな私の欧米人コンプレックスが嘘《うそ》のように消えたのは、イギリスのエッセイを書きはじめて、もっとイギリスについて深く知りたいという強い興味をもったことがきっかけでした。「怖い」「やっかいだ」と思う以上に、「聞きたい」「話したい」という気持ちがわき起こったのです。そこで週二回、約二時間、定期的にイギリス人講師と会ってテープレコーダーを回しながらインタビューを始めました。

最初は多少の抵抗もあったのですが、一年たったころ、東京ですれ違う欧米人と日本人の顔が同じように見えてきたのです。私にとっては、初めての経験でした。

「外国人の顔に慣れる」——単一民族の中で暮らす私たちは、職場でも街に出ても話す相手は同じ顔の日本人だけです。私たちの意識はすっかりこの日本人顔に慣れてしまい、外国人と目が合えば、つい異質なものと、目をそらしてしまうのです。

それを回避するためにもまずは見慣れること。そこから日本人が抱きがちな気疲れも、海外での苦しい体験もなくなるはずです。

日本人に囲まれ怖いという人はいません。外国人コンプレックスを払拭《ふっしょく》するためには、定期的に話のできる外国人の友達や知り合いを持つことが大切です。そこで彼らが日本人と変わらないと肌で実感できれば、日本人以外は十羽ひとからげに「ガイジン」と区別する心の垣根が消えてしまうはずです。

そのためにも私たちは同じ価値観を共有し合える日本人だけでなく、外国人とのつきあいも始めたいと思うのです。

自国の文化と歴史を知る

Learn more about your culture and history

これまで敦煌《とんこう》、ウルムチ、トルファンといった中国・シルクロードを何度か旅した際、辺境の地で出会ったガイドの人格にいたく感動しました。

北京、西安などの都市部のガイドたちは、行き違いが発生すると、何かにつけて不当に中国人の肩を持つので、トラブルになると金銭をせびられるのではと、絶えず気を張っていました。

ところが西安から飛行機で二時間の敦煌に到着するや、待ち受けていた二十代の女性ガイドの礼儀正しさと日本語のうまさに、これまでのいやな思いが一気に払拭されたのです。

女性ガイドはペットボトル一本買うときも、「私の分は自分で出します」と言い、チップは頑として受け取りません。彼女の潔いガイドぶりを見ているだけで、敦煌に来た価値は十分にあると満足しました。

二度目にウルムチ、トルファンを旅したときのガイドは、三十代の男性でしたが、彼も謙虚な人で、最後の日、何度か誘ってやっと羊肉入りのうどんを一杯ごちそうできたのです。

「シルクロードのガイドたちはとても質が高い。都会とは比べものにならないんですよ」

チケットを手配してくれた旅行会社の社長の話は本当でした。

食品偽装などで道徳観念が薄いと思われている中国の人々ですが、シルクロードのような辺境の地には、まだまだ素朴な心の持ち主が大勢いるのだと思いました。

何より二人のガイドは、シルクロードの歴史や文化について、こちらがどんな質問を向けても、まるで研究者のように正確な答えを返してきます。侵略と同盟を繰り返してきた中国西域、シルクロードの歴史には、たくさんの民族が登場するのですが、二人とも語り部のように、その歴史を知識の乏しい私に日本語で話してくれました。

二人がガイドになったのは、自分の生まれ育った町から離れたくなかったという郷土愛が大きいようでした。専門学校で日本語を学び、ガイド資格試験を受けた彼らは、自分たちが生まれ育ったシルクロードの天山山脈を中心とした歴史や文化に、強い誇りをもって生きていたのです。

同様の思いはポーランドを旅したとき、ワルシャワのクラクフでお世話になった通訳の女性にも感じました。ヒットラーやナチが残した爪《つめ》あとを熟知する彼女らは、一軒のカフェや路地裏からでさえ、その悲惨な歴史を日本語で語れるほど、それを知り尽くしていました。

興味深いのは、彼女らが本や雑誌にエッセイを書くなどして、自分の見聞を積極的に国内外に発表しつづけていたことです。ヨーロッパのガイドに、ノンフィクション作家顔負けのおもしろい本を書き下ろす人がいるのも、学校や地域の教会などで、過去の出来事を聞かされているうちに興味を抱き、調べつづけた「スジ金入り」が多いからです。

「日本人は、自分の国の文化や歴史に自信をもっているのか」と考えたとき、電通総研が二〇〇〇年に実施した「自国民であることの誇り」という調査結果を思い出しました。「誇りを感じる」との回答は、日本は五四・二パーセントで、調査対象国六十か国のうち五十七位だったのです。日本を下回ったリトアニア、ルクセンブルクなどは、自国民でない人の比率が高いため、実質的には日本人が最も自分の国に誇りをもたない国民という憂うべき結果に終わりました。国民一人当たりの資産は世界一だというのに、豊かさに逆行する誇りの低さはいったいどこから来るのでしょうか。

日本で長年高校生に英語を教えるアメリカ人の教師は、「日本の子どもたちは、自分の国にある文化や歴史にほとんど興味をもっていない。とくに日本が大きく変わった明治の文明開化、第二次世界大戦については、学校も真剣に教えていないのではないか」と自国を誇れない原因は、教育に責任の一端があると指摘します。

歴史の中でも、外国人が興味をもつのは、近代史です。彼らとつきあってみると、日本の国がどうやってできたのか聞く人はいませんが、「なぜ日本の若者はカミカゼになりたかったのか」とか「原爆を落とされた日本人は、アメリカ人をどう思っているのか」など、近代史に絡んだ質問が多いのです。

ところが、日本史の授業では、『日本書紀』『万葉集』のあたりは時間をかけて教え、鎌倉幕府、戦国時代、江戸時代、浮世絵などの日本文化の講釈があり、明治維新までできたと思ったら、後は時間がないと駆け足でさらう程度。近代史については新しい歴史教科書づくりに取り組む団体など、思想的な臭いも漂い、真相を追究するのがタブーのような扱いです。教科書の内容もさることながら、私たちは日本史の授業をもう一度見直す必要があるのではないでしょうか。

近代史こそ、今の日本を知る手がかりなのですから。

二〇〇七年、沖縄では、歴史の教科書をめぐって県民をはじめ本土の人までが駆けつけて集結する大規模なデモがありました。戦時中、沖縄の人たちに対して軍が自決を強要した事実があるのにもかかわらず、それがなかったかのように教科書を改ざんしたとみんなが怒りの声を上げたのです。近代史の記述に関しては、沖縄ばかりでなく、「侵略」を「進出」と書き換えるなどで、日本は中国をはじめアジアの国々から強く反発されてきました。そこで、ある教科書を実際に取り寄せてみると、「ひめゆり部隊」など、民間人を巻き込んだ戦争のむごさを表す重要な出来事が記載されていないのです。沖縄戦のことはわずか二行でした。

日本の教育にとっては、近代史はできることならふれる程度でとどめたい立入禁止区域のようです。どこまでいっても日本は悪くなかったという意図が見え隠れし、真実を曖昧にする。このような学校教育が続くのに、子どもたちに日本の文化や歴史に誇りをもてと強要するのは無理な話です。

人は自分の目で見て、肌で感じ、確信をもったものに関しては胸を張って「これは素晴らしい」と言えますが、先生や親ですらどう伝えていいのかわからない過去を土台にでき上がった日本に対し、釈然としないものを感じるのはしかたがないでしょう。

文化大革命が終わって間もなくの一九七七年に、私は日中友好を目的としたある団体の一員として北京を訪れました。

まだ学生だったということもあって、人民服を着た同世代の中国の若者たちと毎日、万里の長城や天安門広場などの名所を楽しく見て回りました。すっかり打ち解けた私は、若者の中でも同い年だった女の子に、「あなたはなぜ、いつも人民服を着ているの。私のようにジーンズやブーツを履きたいと思わない？」と、尋ねました。

すると彼女は「イーエ、ワタシはこの服がイチバン好きですから。ワタシ、うらやましくない」と言いました。それでも、彼女の目には隠しきれないファッションへの好奇心が見てとれました。

あきらめきれない私は、「一度でいいから着てごらんなさいよ」と、自分の部屋に彼女を呼んで、こっそり私の洋服を着せたのです。

鏡に映った自分のジーンズ姿を、驚きの表情でしげしげと眺める彼女がどんな状況にいるのか、そのときの私は、毛沢東のことも文化大革命のことも、そして、日本が中国にしてきたことも、ほとんどわからないままでした。

いよいよ帰る日が近くなると、彼女は沈んだ顔をするようになりました。私は彼女を元気づけようと、公園でバドミントンをしている中国人労働者たちに声をかけ、彼女とともに借りたラケットを振り回し遊びました。

バドミントンに加えてくれた中国の人たちと別れる間際、みんなから「日本語で何か歌って」と言われた私は、どうしようかと考えましたが、人々の拍手にあおられ、やけに嬉しくなりました。そこでベンチに立ち上がるや大きな声で、「君が代」を歌いはじめたのです。

そのとたん、みんなの表情がたちまち曇り、その場を離れる中国人も出ました。どうしたんだろうと思ったのも束の間、「やめろ、やめんか」と、近くを通りかかった背広姿の日本人が走り寄り、ベンチに立っていた私を突き飛ばすと、興奮した顔で叱責《しっせき》しました。

「この人たちが戦争でどんな思いをしてきたかわかれば、そんな歌は歌えんはずだ。ふざけた旅行ならここには来るな」

事の重大さをよく呑《の》み込めず驚愕《きょうがく》する私に、人民服の彼女が「タイチョウブョ。ミンナ、マチカエル」と、言葉をかけてくれたのがせめてもの救いでした。

帰国する朝、飛行場で彼女はずっと泣いていました。もし私がきちんとした歴史認識や近隣諸国の動向に目を向けていたら、日本人に興味をもったあのときの彼女の苦しさがわかったはずですし、中国の人を前にもっと配慮のある行動ができたでしょう。

たしかに日本には素晴らしい文化や歴史があり、「和」という漢字一文字に、外国人を引きつける日本の魅力のすべてが込められています。けれどそれは私たちの自国への誇りにはつながらないのです。

私たちが日本人としての自信をもつためには、西洋をめざした明治の文明開化、大正の生活革命、そして昭和のあれだけの戦争に、なぜ日本が国をあげて突入しなければならなかったのかを、きっちりと押さえることが何より大切です。そして迎えた敗戦。その後、一九六〇年代にはアメリカを手本に、高度経済成長の波が家の中のすべてを変化させます。今に続く欧米型の都市生活はこの時期に始まりました。そして七〇年代にはあらゆる分野を工業化した日本人が、それらをもっと差別化しようと個性に注目しました。

八〇年代になると、ライフスタイルはさらに多様化し、あふれ返るモノに囲まれた日本人は、誰もが億万長者になれそうな劇的な住宅バブルを経験します。庶民は自分の感覚で金持ち国日本を確認し、また社会情勢によって上昇する資産価値に、マネーゲームのうまみを知りました。

このように終戦から始まった、あらゆるものを工業化、産業化し、日本人の働き方や文化も含め、生活と呼べるすべてを変えてしまった一九九〇年までの約四十五年間の生活変化を知らずして、日本を語ることはできません。

私たちが本当の意味での日本という土台に立つためには、近代日本を知ることが必要だと思うのです。

第5章

これからどうなる日本人

What will become of the Japanese?

お金より大切なサムライ文化の心意気

The samurai spirit is more important than money

日本のブルドックソースが、アメリカの投資会社、スティール・パートナーズによって買収されかけたとき、日本の最高裁は彼らにノーを突きつけました。自ら経営する意志もない投資ファンドの多くは、株価が上がれば売却し、利益を上げるのみ。権限を乱用し、突然乗り込んできて会社を乗っ取るハゲタカのようなやり方に、日本人は強い嫌悪感を募らせたのです。

欧州で成功した日本人の富豪と会ったとき、彼は「世界のブルドックになれるチャンスを閉鎖的な日本人がよってたかってたたき壊した。もったいない。これではグローバル社会を日本は生き抜けない」と、嘆きました。それを聞いた私は、彼は長い海外生活で、日本人としての大切な肝を忘れてしまったのだと思いました。「金儲《かねもう》けして何が悪いんだ」と、会社を金儲けの材料と見なし、いきり立つ成功者に、日本人はなかなかなじめません。それはたとえ貧しくても家族や周囲の人と平和に暮らす人こそ立派だと、どこかに「清貧」という日本的考えがDNAに刷り込まれているからです。

欧米諸国では日常茶飯に起きているM&A、買収騒ぎが日本でもこの数年間頻繁にニュースになりました。ホリエモンをはじめとするヒルズ族の存在は、企業買収の実態をお茶の間に運んでくれたわかりやすい解説者ともいえるでしょう。ところが、マスコミの寵児《ちょうじ》になったのも束《つか》の間、ホリエモンは逮捕されてしまいました。

「やっぱり悪いことしてたんでしょうね。あんなにお金を稼いだんだから」

番組収録で訪れた六本木ヒルズのカフェで、友達と雑談する主婦らの眉《まゆ》をひそめる会話に、日本人的考えの一端を垣間見たのでした。

どれほど金を積まれても、日本人には捨てきれないものがあります。日本人富豪もスティール・パートナーズもそこを見落としたのです。

それは「会社は誰のものか」という問題です。

じつはグローバリゼーションの中心、アメリカでは、会社は株主のものです。株主が社長を選び、何とか儲けを出してもらおうと、まるで野球選手のように何十億ともいわれる契約金や報酬を腕利きの社長に払うのです。日本の上場企業の社長は、年収が約五千万円前後ですから、アメリカの社長の年収が途方もない額だとわかるでしょう。株主により多くの配当をもたらす経営者を評価するアメリカでは、従業員はそれこそ歯車で、任期内に成績を上げ、儲けを出すためならどんどんクビを切る社長がすごいと評価され、さらに年収も増えるのです。

対する日本は「会社は誰のものか」と問われれば、多くの人が、間違いなくそこで働く人すべてのものと答えるでしょう。経営者は社員に報いることを目標に掲げ、利益の大半は社内留保し、長期的な投資に向けつつ労使一体、運命共同体となって働くのです。また、安定した経営を保つため、従業員や関連企業にも持ち株制度を普及させました。株主らは一時的利益より長期的成長を望んだため、たとえ配当が少なくても文句は出なかったわけです。

そんな日本人を仕事好きではなく、会社好きだと言った人がいます。中小、零細企業が全体の八割を占める日本で、会社は、仲間を思いやり、組織に仕えることで自分の存在意義を実感できる、働く人にとっては人生で最も長く過ごす場所なのです。

そこに「経営をやってやる」という態度で投資会社に乗り込まれても、民、官、司法までが、これまでの和を守り抜こうとするのは、欧米と会社のあり方が違うから当然のこと。日本では、収益より会社はみんなのものという公共性が優先だからです。

それを一番表しているのが日本の「社長」ではないでしょうか。日本の経営者は、朝早く出社して社員と一緒に体操をしたり、自ら社員食堂で従業員と語らいつつお昼を食べるなど、欧米人エグゼクティブには信じがたい会社というコミュニティの長でもあるのです。

日本で尊敬される経営者とは、会社とそこで働く人たちを守りきる、江戸時代までの〝侍〟に通じる責任感のある人。

江戸時代の身分制度、士農工商をみると、士(侍)はトップで、金儲けをする商人の身分は四番目でした。リーダー(士)、食べ物(農)、産業(工)が金儲けより社会に必要だったからでしょう。

彼らのトップに立つ侍とは、刀を持ち、武芸に長《た》け、大名などに仕えた武士のこと。「さぶらう(候ふ・侍ふ)」とは、もともと「人に仕える」という意味の言葉です。役人でもある侍にとって武芸や軍学は必須《ひっす》で、武士道と呼ばれる理念に基づき、主に絶対服従し、主のために命をも惜しまない思想をもっていました。

多くの侍は、藩校で儒教の思想や武士道を学び、縦社会、家父長制のもと、家庭でも社会でも序列は決まっていました。ところが欧米の植民地にされるという恐れが迫る中、明治維新が起きました。欧州に学ぼうとする青年たちは「脱亜入欧」を掲げ、アジアを抜けて、ヨーロッパのように繁栄するんだという気運から、「清く貧しく美しく」というそれまでの価値観より新しい日本を目指します。

「国民の年収が百万円を超すとデモがなくなる」とかつて説いた経済学者がいました。人間は生きていくのに必要なお金を得れば、世の中の動きに無関心になっていくというのです。

貧しさと闘うこと、「ファイティング・ハンガー」は、いつの時代も日本人のテーマでした。けれど大戦後、アメリカから持ち込まれた民主主義によって、侍文化に象徴される日本のすべての秩序は旧体制と嫌われ、自由という名の下に、淘汰《とうた》されてしまったのです。

ところが、その根っこは残っていました。利益追求より大切なものがある。それがブルドックの買収劇によく表れていました。

これにちなんで、ある話を思い出しました。

東北のある町で、酒屋を営んで財をなした老人が突然、地元の病院に大金を寄付すると申し出たのです。老人は地元の新聞社や有力者を病院の応接間に集め、華々しい寄付金授与式を行ったのです。

強欲と噂《うわさ》されるこの老人は、代々続いた自分の酒屋からアルコール類を仕入れるよう、あらゆるコネを使い、地元で飲食業を営む人々を押さえつけてきました。まるで、ビル・ゲイツのような独占ビジネスで富を築いた老人。けれど、当人や身内らの心苦しさはずっと続いていたのです。

下手すれば恨まれているかもしれないと、いよいよ人生も終わろうかという段になって、老人は自分の善意を公にしました。ところが、老人の行動を地元民は冷ややかな目で見て「あいつは罪滅ぼしのため、墓に行く前に風呂敷貯金をみんなにわかるようにばらまいたんだ。今さら虫がいい」と鼻白んだのです。

会社どころか個人が独占的に儲けることですら、日本では歓迎されないのが現実です。これを時代遅れと世界中の人が非難しても、日本人のビジネス感覚の根底には「みんなで生きる」という共存主義が根づいているのです。そして、その考え方のもとは、命を懸《か》けてもオーナーや従業員に対して、正しく最後まで責任を全うしたいという侍に似た良心なのだと思います。

競争より共存が得意な私たちは、そこを自覚しないから、いつも違和感を引きずったまま世界に翻弄《ほんろう》され、何のために働いているのかすら、わからなくなるのではないでしょうか。

命を粗末にせず、確固たる生き甲斐をもとう

You should take care of your life and live positively

日本では芸能人からスポーツ選手に至るまで、一世を風靡《ふうび》した著名人と呼ばれる人々が、惜しまれてやめることを美徳と考えがちです。一九七八年、アイドルの大御所、キャンディーズは「フツーの女の子に戻りたい」と言って芸能界を去り、その二年後の山口百恵引退劇も、国をあげての大フィーバーとなりました。いずれも押しも押されぬ絶頂期に自らピリオドを打ったのです。

このような生き方を見ていると、日本人は長く続けることよりもどこか、やめること、終えることをめざして生きているように思えるのです。

それはある意味、日本の伝統的な精神文化と一致します。

古くは江戸時代の肥前国鍋島藩藩士、山本常朝《じょうちょう》が『葉隠《はがくれ》』の中で武士としての心得を「武士道」に託し「武士道と云《い》ふは死ぬ事と見付けたり」と、つねに死を意識して自分を省みる考えを示したこと。また、このような精神論は、キリシタンと

なった細川ガラシャが戦乱の世で自分の死期を悟り「散りぬべき時知りてこそ世の中の　花も花なれ人も人なれ」と歌に詠み、家老に胸を突かせて最期を遂げた史実にも投影されていました。

大戦中には、東条英機による軍人行動規範（「戦陣訓」）の「生きて虜囚の辱《はずかしめ》を受けず、死して罪禍の汚名を残すこと勿《なか》れ」によって生より死を選び取ることが、あたかも美徳のようにとらえられたのです。

「自らの行動や責任に命を懸ける」「命を賭《と》して殿に仕える」「失敗をしたときには自分の命を捨てる覚悟をもつ」など、「命をかける」という思想が日本にはあり、「切腹」というけじめの文化まで生まれたのです。

これは世界でも異質な文化でした。武士道に似た西洋の「騎士道」ですら、自らの命を絶って責任をとるという概念はなかったからです。

ところが、死という究極の終わりをもって責任をとり、それが潔いのだという考えは、国際社会の中では大変ローカルな発想です。世界は日本人が思っているよりもっとずるく、ある意味たくましいのですから。

何より欧米のキリスト教国では、たとえどんな間違いを犯したとしても、最後は神によって赦《ゆる》される。だから人は神によって与えられた命を最期まで粗末にしてはならないと考えられているのです。不完全な人間はそもそも罪深いし、何度でも間違いを犯す。それでも善を見て歩もうと、自分の力を他人や社会に捧《ささ》げる。それが責任ある生き方だとされるのです。

それはイギリスで発達するボランティアを見ればよく分かります。それは、社会の根幹にあるのは、よりよいものを目指してみなで生きる倫理観なのです。

「最近の日本の若者は、ファースト・サクセス・トラックに乗りたがる。気長に挑戦しつづけることができない彼らは、ジャンプアップしてたちまち何かになろうとする」

日本に長年住むイギリス人ジャーナリストは、生き急ぎすぎる若者たちがあまりに増えたことに強い懸念を示しています。

自分の人生を友人、親戚《しんせき》など、知っている人と絶えず比べ、挫折《ざせつ》を繰り返す人々の信念はとてももろく、ないに等しいというのです。

私たちが失いかけている確固たる生き方の核は、違う価値観の人とつきあうことで育ちます。人が成長の糧《かて》とする刺激は、自分が知らない世界に熟知している人に会ったり、外国に行く中でしか、得ることはできません。

「パッと咲いて、かっこよく散りたい」

自殺サイトをのぞくと「いつまでもダラダラと生き、恥をさらしたくない」と、まるで戦争中を思わせる記述も多く見られることに驚きます。たとえダラダラ生きているような生き方でも、外国では人生をゆっくり歩んでいて、素晴らしいと考える人もいます。いろいろな国に出向き、たくさんの価値を知れば、日本人が正しいとしてきた生き方の盲点がもっと見えてくるはずです。

世界では今、貧困撲滅から環境保護まで地球規模の問題に取り組む社会貢献ビジネスがブームになっています。とくに欧米では、社会的地位の高い人や成功した企業が弱者を救済することは当然の責務と考えられ、成功者＝ボランティア、慈善活動家というイメージさえあります。そこに加えて、一方的に援助するより、互いに手を組み、ビジネスを立ち上げ、雇用を促進するスタイルが広まっているのです。

ナイジェリアで移動トイレ製造会社を興した元警備業のアイザック・ドゥロジャイイェ氏は、アフリカの道ばたに人糞《じんぷん》が放置されている惨状にトイレを提供することを決意しました。彼の会社の年間売り上げは約一億二千万円で、その利益をもとに、都市周辺に無料トイレを設置。またホームレス、ストリートチルドレンを雇い入れ、その管理を任せ、彼らの仕事をつくり出したのです。

そういえば、二〇〇七年に亡くなった「ザ・ボディショップ」の創設者、アニータ・ロディック女史も、社会貢献ビジネスの草分け的存在でした。途上国に出かけては、良質の薬草や工芸品を見つけ、現地で調達した原材料を使って珍しい石けんなどを作り、ボディショップの販売ラインに乗せて世界中で発売したのです。「援助ではなく、公正な取引を第三世界と始めよう」という構想には、途上国に仕事をつくり出し、貧困にあえぐ人たちを自立させる可能性が詰まっています。

アフリカやアジアの貧困地区の人々が生産した新鮮なココナッツやシアバターの入ったシャンプーや石けんを使うたび、自分と第三世界がつながっている感慨を覚えたものです。

社会貢献ビジネスには金儲けだけでなく、社会に役立つことを通じて自己実現しようとする強い意志があります。それが喜びであり、生き甲斐《がい》となるのです。ここに日本人の本領を発揮できる大きなヒントが隠されているのではないでしょうか。

日本は国単位では途上国へ多大な援助をしているものの、アフリカの貧困層救済キャンペーンにおいて、マイケル・ジャクソンをはじめ著名な歌手が歌ったチャリティソング「We Are The World」のような民間レベルの援助額は、欧米諸国よりも少ないのです。

また、国民総生産に対する援助の割合も、日本より経済力の下回るイギリス、スペインなどに大きく差をつけられているのです。こんなことから「日本人の経済力からすれば、もっとお金を出せるはずなのに、ボランティアや社会貢献に関心が薄く、言われないと動かない」と、ひ弱な印象を与えてしまうのでしょう。

この数年、日本でも社会貢献ビジネスをめざす起業家が話題になっています。利益を生むと同時に誰かの役に立つビジネスは、使命感によって奮起する日本人の新たな核になるはずです。このような考えが社会に定着すると、自分の人生は、自分や家族のためだけにあるのではないと実感できるでしょう。

お金だけが幸せでないことを再確認する

Remind yourself that it takes more than money to be happy

格差社会の是非が叫ばれています。

日本では景気が回復したといわれるものの、その実感を国民は肌で感じることができません。それは儲けが限られた場所に澱《よど》んでいるからです。

利益が出ているといわれる大手企業をとっても、儲けのからくりは、正規社員を減らし、いつ辞めさせてもいいような派遣・契約社員など安い労働力に切り替えること。その結果、給料が上がるどころか、働いても豊かになれない低賃金で暮らすワーキングプアの裾野《すその》が広がるばかりです。

民間企業で働く会社員やパート労働者の二〇〇六年度の平均年収も、約四百三十五万円と九年連続で減少したことが、国税庁の民間給与実態統計調査でも明らかになっています。年収二百万以下が一千万人を超え、年収二千万以上を取る富裕層と年収二百万円以下の低所得層との年収ベースの格差はヨーロッパ列強、アメリカ、カナダなど、先進国の中で日本が一番大きいのです。

今や街で何かを買おうとすると、衣類、生活雑貨、家具、食品まで、そのほとんどは中国を中心とした人件費の安い海外で作られたもの。低価格競争の中、それらの商品より製造コストを安く上げたい日本企業は、人件費の大幅削減に踏み切らざるをえません。

今、日本のデパートや通販会社では、スキャンした伝票を人件費の安い中国に送り、客からの受注処理業務などの経理事務を処理しています。なかには人事事務や総務まで中国に移す企業も出ています。その結果、人件費は節約でき、商品コストも下がり、会社としての儲けは出るものの、日本で職を失った人たちは、派遣・パート生活を余儀なくされ、ますます物を買わなくなっているのです。

一部の人にしかうまみのないグローバリゼーションとは、じつは自分たちの生活を苦しめる元凶だと、ここにきて多くの人が気づきはじめました。自由競争とは一見、真っ当な国際社会のルールであると考えられがちですが、私たちにこうした負のツケが回ってきているのです。

また、勝たなければいけないと正社員は成果報酬を求められ、とくに営業・開発など利益を生む部署の締めつけは厳しくなっています。さらに、単純労働者といわれる人たちは、いつまでも給料が上がらず貧しいままなのです。

今や、自由経済という名の下に生まれた悪によって、何もせず、何も作らず、巨大な投資マネーを動かすことで世界経済を牛耳る人たちが、個人の生活に君臨する時代になりました。たとえ一生懸命働き、経営を安定させたとしても、一人の投資家によって会社の経営方針は変わり、従業員は職をなくしたり、転職を余儀なくされるのですから。

一九九七年に倒産した山一證券も、ジョージ・ソロスなどの投資家が巨額の金を投資し、最高値になったら引き上げるというマネーゲームの犠牲になりました。

すでに書いたように、もともと日本の会社は、金を生む利益集団である以上に、そこで働く従業員の人生そのものです。ところが、それを知らない海外の投資家によって、日本人が家庭と同じぐらい大切にしてきた会社が突然様変わりするのです。

「お金で買えないものはない」と言われても、日本人の感覚では「お金だけで幸せになれない」ことは、とうにわかっていたはずです。

今、問題になっているニートやフリーターという生き方を選択する若者たちは、人と競うことの苦手な心やさしき人が多いように思います。彼らの一見根なし草に見えるふわふわした生き方は、行きすぎた競争社会の反動のようで、その純粋さにエールを送りたくなるのです。

馬車馬のように競わされ、数字をごまかして自分の成績をよく見せようとする者や、不手際を承知でいい加減な作業を繰り返す企業。国民に愛されてきた老舗《しにせ》までが賞味期限の偽装やずさんな品質管理で摘発される時代になりました。政府がめざす「健全で創造的な競争社会」の実態は、短縮された賞味期限に対応できない企業が「バレなければ何をしてもいい」と開き直り、日本人が職場で培った誇りを踏みつけにしてしまっているとしか思えません。

若者たちがこのような生活に脱力して、「金より生き甲斐優先」と言い切るのは当然でしょう。日本人は越えてはならない一線を、役人から経営者までが次々と踏み越えてしまったのです。

「日本は共生より競争という乱暴な社会に変わった」と、ある政治家は話していましたが、若者たちは明らかに競争より共生に立ち返ろうともがいているのです。

日本の社会は今、国民のめざしてきた小さな幸せと、アメリカから突きつけられた弱肉強食に引き裂かれ、政治から企業までが右往左往して着地点を見いだせないようです。

今、このような混迷を続ける私たちに警鐘を鳴らすのが、「幸せは経済発展では得られない」という確固たる考えを国の信条としている世界最貧国の一つ、ブータンです。

国土は九州の約一・一倍、人口は約六十八万人という、インドと中国に接するこの小さな山あいの国では、四十年前、ブータン国王によって掲げられたGNH―Gross National Happiness（国民総幸福量）をGNP以上に重要視してきました。

国民の平均年収は八万三千六百円で、山間部の村で自給自足の農業を行っている大半の人々は、一日当たりの収入が百円にも満たないという貧しさです。子どもたちは食事も満足に食べられず、国民の六〇パーセント以上が赤身の肉や乳製品不足の鉄欠乏症のため、健康状態もよくありません。ところがこれまでの政府調査では、国民の九七パーセントが「幸せ」だと答えていました。日本人の幸福度が先進国の中で最も低いことを考えると、驚くべき結果です。

なぜ、これほど貧しい彼らが幸せと感じるか。

そもそも仏教国であるブータンは、主食の赤米の他、野菜、果物などを輸入に依存せず、自給自足が基本です。

そしてもう一つは、長く続いた情報鎖国政策によって、国民は世界の動向をずっと知りませんでした。外国の情報がほとんど入ってこないブータンでは、人々の物質的な欲望があおられず、貧しい生活でも人々は十分に満足していたのです。さらに二〇〇四年には環境保護の考えから、世界初の禁煙国家になるなど先進国に先がけ本質的な豊かさを取り入れてきました。

ところが、どんなことも受け入れ、疑問を抱かないのは、国民が自分の頭で考えないことからきているのではないかと懸念したワンチュク国王は、一九九九年にテレビやインターネットを一部解禁したのです。つねに国民の幸福を考える国王は、民主化の波は止められないと、続けて二〇〇八年に自ら王位を退いてブータンを立憲君主制に変えたといわれています。

じつは今から十年ほど前、編集部主催のパーティーに体格のいい男性とともに、品格のあるアジア人青年がやってきました。彼は大変にこやかな表情でその場に居合わせた日本人参加者と美しい英語でしゃべり、パーティーを誰よりも楽しんでいました。彼がプリンス・オブ・ブータン、現在のブータン国王だと後で知り、とても驚きました。

彼は、普通の日本人がどういう考えをもっているのか、とても興味をもっていた様子でした。タイを視察に訪れた際も、端整な容姿と気さくな振る舞いで、タイ女性の間で人気が沸騰し、新聞社は数週間にわたって彼の写真や記事を掲載したそうです。

国王ばかりでなく、仏教国ブータンでは多くの人が、幸福は一人ではありえない、人と人との関係の中にあることを認めています。ブータンのある僧侶《そうりょ》は、「幸福を追求することは、責任が伴うのです。欧米では、経済的によくなると人は幸福になれると考えますが、他人の幸せなしに自分の幸せはないのです」と言いました。

ところが、テレビやインターネットの一部解禁後、「世界一幸せな国ブータン」に海外の情報が入ってくると、都心部に異変が起きました。町中には今までなかったようなクラブができ、そこでタバコを吸い、海外に行くことばかりを夢見る若者がたむろするようになったのです。また、インターネットカフェではアダルトサイトに興奮する大人たちや、人殺しゲームに熱中する子どもたちまで出現。今までは友人、家族とのコミュニケーションだけで満足していた人々は、楽しみを他に見いだすと、あらゆる物を手に入れたいと考えはじめたのです。

たくさんの情報を得ることで社会秩序が乱れて、これまでの幸せが壊れていく。ブータンに起きていることは、先進国といわれる国がたどった道のりです。長い鎖国政策、国民に尊敬される国王、仏教的思想と多くの豊かなものをもってしても、文明による幸福の崩壊は避けられなかったのです。

私たちの暮らしの中でも、なければないですんだものが、たまたま雑誌や店で見かけてしまったために、手に入れたい欲求が止めどなく高まることはままあります。

お金が猛威をふるう時代、ときにはお金が人の品性までを破壊するのです。

お金によって幸せが生み出されることはないばかりか、お金によって幸せがたやすく壊れていくことがあることに、全力をあげて警戒する。そんな生き方が、格差社会を生き抜く日本人ならではの知恵を必ず生み出すはずです。

友人づきあいのような親子関係を築く

Build up the parent-children relationship as you would between friends

長年、日本人の親子関係は相互依存といわれてきました。親は孫も含めた子世帯にせっせとお金と時間を使い、マンションの頭金から孫の弁当作りまで、献身的に尽くします。その一方で、子どもたちはなるべく親の近くに住んで、精神的な安心感を与えようと努めるのです。

とくに娘と母の関係は、娘の結婚後、ますます密接になっていきます。嫁、姑《しゅうとめ》の戦いは一昔前の話で、今や日本では「お義母《かあ》さんとうまくつきあえる男性はポイントが高く、自分の母親と仲よくしろという男は疎まれる」というのが常識になりつつあり、理想の夫像の中に「自分の親と仲よくしてくれる人」をあげる女性も多いのです。

東京に夫婦で駐在するイスラム社会で育ったイラン人女性は、自分の母親にベッタリの日本人妻たちを見て、イランならとっくに離縁され、大問題になると語っていました。

ロンドンのデパートなどで、黒いベールに身を包んだ中東の家族連れに遭遇しますが、こわもての中年女性と夫らしき男性の後を、若い女性がふし目がちにしずしずと歩いています。新妻の役目は夫に仕え、義母にかしずくということなのでしょう。

中東の人たちが、日本の母娘が密着し、夫はかやの外といった結婚生活を見て驚くのは無理もないと思いました。

いずれにせよこれからの時代、相互依存を超えて上手に親とつきあえるか否かで、人生の楽しさはまったく違ってくると思えるからです。

『徒然草《つれづれぐさ》』の兼好法師は、よき友には三つの種類があると説きました。一つは物くるる友。二つ目に医師。そして三番目は知恵ある友です。

平安時代の賢者の教えをなぞらえると、これはまさに現代の親のようだと思います。実家に立ち寄れば、もらい物を持って帰れとビール券からお菓子まで、親の家には自分たちで消費しきれない生活贈答品があり余っています。

さらに出産や不意の入院時に、親はまるで医者か看護師のように病状を聞いては、適切に見舞ってくれます。長い経験からくる手腕は、幼い孫を前にするとベテラン保育士のように発揮されるのです。

最後の知恵ある友というくだりに異論のある人などいないでしょう。ときに過剰なほど口をはさむものの、親の人生経験による力添えで「家が持てた」「借金地獄を切り抜けられた」「離婚の危機を乗り越えた」など、有形無形の恩恵にあやかる人は多いのです。

こう考えてみると、成人してから真っ当な親子関係を築くことは、親友を三人得る以上に価値あることだと思うのです。

日本の親子関係は、もたれ合いの相互依存だと書きましたが、先ごろ、社団法人中央調査社による「高齢社会に生きる日本人は何歳まで働きたいと思っているのか」という意識調査で、六十歳を過ぎても働きたいという人が全体の約七割を占め、生涯現役を望んでいる人が増えていることがわかりました。実際、六十歳から六十四歳男性の七二・六パーセントが現役なのです。生涯現役を望む日本人は、「生活費を得るため」という以上に「働いているほうが体にいい」と、健康維持が目的なのもおもしろい点。

世界の意識調査では、韓国人が七十歳まで働きたいというものの、その目的は収入が欲しいからというもので、日本人の働く目的とは大きく違っていました。

定年を迎えた団塊世代が、物作りの技術や管理能力を求めるアジアの企業に活躍の場を求め、動きはじめていることも報じられています。東京では「団塊世代・技術者のためのアジア転職セミナー」が盛況。人材紹介会社は「日本の成長期を支えてきたその技術や経験を、ぜひ生かしてください」と呼びかけ、シニア世代の情熱をあおっています。

昭和のころは、「家つきカーつきババア抜き」と、高齢者は邪魔者扱いされるのがオチでしたが、今や親世代は金がない子どもたちや、人材を求める海外企業にまで、引っ張りだこなのです。

ところが、子どもたちは貴重な助っ人に生き甲斐を植えつけられ、企業や海外事業に持っていかれては困ると、スープの冷めない至近距離に引っ越したり、孫を頻繁に預けるなど、密なつきあいで親を離しません。

このような日本の子と親が一体化する生き方は、夫婦という最強チームに価値を置く欧米人には理解できないでしょう。

シニア世代に突入し、その生き甲斐を子どもや孫にフォーカスするか、自分の第二の人生を極めるかは、大きく議論の分かれるところです。いずれにせよこれからの時代、老後を誰がどう看取《みと》るかというややこしい問題を横に置いて、親ほど味方につければ心強い存在はありません。まして、勤労意欲は十分にあり、人生を楽しむ意欲も好奇心も旺盛《おうせい》なのですから。

以前、竹村健一さんとお話しした際、これからの健全な高齢化社会に向けて竹村さんは、「年寄りが貧しい若者にお金を出し、若者は刺激を求める年寄りと一緒に遊んであげる。これが一番いい老後の生き方ですよ」と、おっしゃいました。

お話によると、ある大手企業の社長は引退後、息子の友人たちと一緒にスキーに行くのが大の楽しみだとか。滞在費・交通費を元社長がもち、ゲレンデを滑走する際、若者たちに自分のまわりをガードするように滑ってもらうと事故防止にもつながるというのです。お金はいくらでもあるわけですから、スキーに行きたくても万年金欠で出かけられない若者たちと、荷物の積み下ろしや安全滑走を手伝ってもらえる高齢者。需要と供給が見事に一致するわけで、これはいいアイデアだと思いました。

ところで十三億人という人口を抱える巨大中国では、好むと好まざるとにかかわらず、安い賃金を補うために、ほとんどの国民は夫婦働きづめで年老いていきます。しかも、引退したらフルムーンどころか、一人っ子政策によって生まれた孫を、日々の労働に明け暮れる若夫婦に代わって養育します。一人っ子だらけの中国では、叔父や従兄弟《いとこ》などの親戚があまり存在しないため、親に頼る以外預け先がないのです。

私が中国取材で出会った若夫婦は、一年のほとんどの期間、子どもを実家に預けた状態で働きづめの毎日を送っていました。子どもに会いに実家を訪ねるのは月に数回というのです。三十代の旅行会社に勤める男性は、「日本のお父さん、お母さんは、お金があって夫婦で中国に遊びに来られる。僕たちの親は、引退するまで汗水たらし働いて、引退後は保育園に入れるお金のない若夫婦に代わってもう一度、無償でゼロから子育てをやりなおして死んでいく。僕らにわずかでもゆとりがあれば、親と一緒に遊ぶことができるのに」と、嘆いていました。

今、多くの親は二世帯住宅など同居をなるべく避けて、自分の楽しみを追求しつつ、子どもや孫と楽しい部分だけを共有したいと思っています。

兼好法師が伝える私たちの身近にいる〝よき友〟、その幸せな価値に気づいて、私たちは新しい親子関係を築きたいものです。

金と人だけを出す「便利な国」にならない

Japan should not simply be a financial supporter

中国やアメリカなどに比べておとなしい日本は、国際政治の舞台で、イエス・ノーをはっきりさせず、何事も決めきれない印象を与えてきたと書きました。

「金は出すが人を出さない。日本人はずるい」と、湾岸戦争のときも日本は先進国からさんざん非難されました。

それはある意味正論かもしれません。

実際のところ、戦争に賛成なのかどうか、はっきりした意思を表明しない日本政府に、世界各国は歯がゆい思いを抱いていると日本の新聞までが書き立て、国の重たい腰を上げさせるのにやっきでした。

イラク戦争のときは、戦争反対を表明したフランス、ドイツに反感をもったアメリカで、フランス、ドイツ産ワインの不買ムードが広がり、その売り上げは落ち込みました。

それに比べて日本は、世界のリーダーらしくはっきり意見を言えと迫られるのですが、憲法九条があるために、いかなる戦場にも人を出さないし、出せません。

国際テロ撲滅の名目の下、正義のために戦うといいながら、結果的にアメリカは多くの油田を押さえました。これがかつて家族の石油会社に勤務したブッシュの私利私欲によるものとはいいませんが、イラク戦争が泥沼化し、多くの兵士や民間人が亡くなり、難民を生み出している現実に、アメリカはもはやなす術《すべ》もない有様です。

かつてのイギリスの若きリーダー、ブレア首相は、民意を無視して参戦したことで失脚に追い込まれました。

「列強国がテロを理由に寄ってたかって過剰なイジメに加担している」と、私の知るイギリス人記者は開戦時から戦争反対を唱えていました。また中国人記者は「アメリカのイラクに対する態度は、まるで日本が中国にいちゃもんをつけ、中国を侵略して満州国をつくったようなものだ」と、自国の歴史とだぶらせます。

世界の警察アメリカが陣頭指揮をとる政治、経済、そして戦争、それに対して素早く反応しろというのが国際社会の要求です。けれど、よく考えてみると湾岸戦争からイラク戦争まで、参戦国はアメリカの先導によって「行かされている」感がありました。参戦国の多くは、日本に戦争反対と言ってもらいたかったのではと思うのです。

二〇〇七年十一月に、延長が議論されていたテロ特措法もいったん期限切れとなりました。「日本が米軍に渡している石油がどこで使われているのか資料を出せ」「出さない」「見つからない」と対アメリカや国会でもめているうち、日本のとるべき道を示さないままいったんタイムオーバーとなってしまったのです。

けれど、二〇〇八年一月に活動内容を制限した新しい法案を与党がやっきになって通過させてしまいました。

前にも書きましたが、アメリカをはじめ先進国が展開する国際政治に大義名分は付き物ですが、本音はどこも自国の利益のために動いているのです。

みんながある意味ずるく立ち回っているとき、なぜ、日本だけが言われるままに金を出し、人を出していく必要があるのでしょうか。一見、世界から見れば、決定力もなく、グズグズしているように見えても、それが戦略的なことならすごい逃げ切りだったと言えます。強行採決が残念でなりません。

もちろん、日本はリーダー国としての責任があります。とくにアジアの中の途上国においては、経済支援や技術指導を果たさなければいけません。ネパールや中国の田舎《いなか》を旅していると、現地の人から「この橋は日本の援助でできたんだ」「この道路は日本人が造ってくれた」と言われることがあります。アジア三十二か国を横断する全長一四万キロメートルにわたる高速道路、アジアンハイウェイのウルムチ—アルマトイ間を走っているときも、「この道、日本人がいっぱい金出した」と、中国人ドライバーは快適な高速道路を自慢していました。国別にみると、この事業計画の中心になっているESCAP（国連アジア太平洋経済社会委員会）、ODAに一番出資しているのは日本でした。ちなみに二〇〇五年に日本がODAに出した基金は、一兆四千四百七十四億円にものぼったのです。かつてはラクダに乗ったキャラバン隊が横断したといわれるゴビ砂漠を見つめながら、日本の税金で現代のシルクロードができ上がったのだと、私はとても誇らしく思いました。

帰国して世界地図を広げると、アジアンハイウェイの主要幹線ルートの一つ、AH—1は延長二万七一〇キロメートル。東京を起点に福岡、釜山《プサン》を経てニューデリー、イスタンブールを通過し、その終点はヨーロッパの玄関口ブルガリア国境でした。地球の半分を網の目で張りめぐらせたこの道によって、国と国の距離はぐっと縮まり、砂漠のオアシス都市に大型スーパーができ上がるなど、関係国の暮らしを激変させました。そういえば「道ができたから、私たちも魚が食べられる」と、海を知らない、羊肉で育ったトルファンのウイグル族が、スーパーでパック詰め魚の切り身を買い込む姿が印象的でした。

島国日本では、全国どこに行っても東西どちらかに車で三時間も走れば海にたどり着けますが、中国の奥地や中央アジアで海産物は得がたく、長年庶民は口にすることもできませんでした。これは画期的なことです。

「金を出すだけ」と批判されても、金を出さなければ道路や水源などインフラは整備されず、人々の生活も改善されません。

仮に日本の景気が落ち込んで、世界の金ヅルが本当に破綻《はたん》したらどうなるでしょうか。

そのとき、アメリカをはじめとした列強国は、激しい主張もせず、異論を唱えたりしない、得がたいドル箱を失ったことに右往左往するでしょう。

韓国も中国も日本のように扱いやすい国ではなく、第一、金を出す代わりに見返りを、もっと、もっと要求してくるはずです。

安倍首相辞任のとき、イギリス有力紙『タイムズ』は、日本を「政治力のない経済国」と辛辣《しんらつ》に批判しました。

「日本は国際政治における発言力を失おうとしている。安倍首相の突然の辞任により、政治力のない経済国としての日本、そして〝スーパーパワー〟の地位を欲しながらも、国際会議では批判を恐れ、隅っこでおとなしくしている国という印象をあらためて世に示すことになってしまった。（中略）今後、中国が経済力を増す中で、日本は国際政治での役割を失っていくだろう」

けれど、日本は国際政治において果たすべき役割を、まったく放棄してきたわけではありません。それは「日本は金を出す」と各国が認めたことでもわかるはずです。とくにベトナム、中国、パキスタンなどアジア諸国と南アフリカ諸国への援助は二〇〇六年も第一位でした。世界は、私たち日本人の人のよさ、礼儀正しさ、慎《つつ》ましさを認め、頼めばノーと言わないとタカをくくっていた部分もあるのです。

そんな期待に、円高バブル以降、不景気といいつつも日本人は海外ブランドや各国で閉め出されようとしているタバコ、危険な部位つきの牛肉まで受け入れています。

日本人がノーと言える民族であったなら、アメリカの防衛力維持やアジアの発展はとうに窮地に立たされていたと思うのです。

外国に住む日本人はどう考えているか

What do Japanese living abroad think about Japan?

私が亡き小田実さんの書いた『何でも見てやろう』を読んだのは高校生のころでした。留学生時代の小田さんが、笑顔とバイタリティで欧米、アジア二十二か国を貧乏旅行して、先進国の病根から途上国の凄惨《せいさん》な貧困まで、自らが体験した現実を感じたままに書いたこの本は一九六〇年代に出版され、若者の海外への憧《あこが》れに火をつけたベストセラーとなりました。私もこの本で、高校を卒業したら絶対に外国に行くのだと決意したものです。

一九七〇年代にはジャンボジェット機が就航し、本格的な海外旅行大衆化がスタートします。とはいえ、当時海外に行った日本人の数は二百万人を超える程度。今の一割程度というひと握りの層の若者たちは、シベリア大陸横断鉄道やマイナーな航空会社の便を乗り継ぎ、世界各国にたどり着いたのです。

七〇年代は世界を見てみたいという若者の純粋なエネルギーが煮えたぎっていま

した。それは今の海外旅行の延長線上にある語学留学やホームステイのような安易なものではありません。ネットもない、海外に関する情報が乏しい時代だっただけに、日本レストランの皿洗いやオーペア（住み込みお手伝い）になってでも、英語を学び、何とか現地にとどまりたいという、今よりはるかに意志的な人が多かったのです。

世界的ファッションデザイナーの三宅一生さんは、当時インタビューでこう語っていました。

「日本人は創造力があっても発揮するチャンスがない。狂人のごとくすごい人もいない代わりに、素晴らしくバカな人もいない。強烈な人は日本では育たない。殺されてしまう。だからみんな海外に出るのでしょう」

格安旅行会社H．I．S．の澤田秀雄会長をはじめ、世界的指揮者の小澤征爾氏など国内外で評価される日本人は、若くして、体一つで日本を飛び出した人たちが多いのです。

私が初めて海外に出た七〇年代の終わりごろですら、若者は「貧乏旅行」を余儀なくされ、『地球の歩き方』にも雨露をしのぐ程度の格安ホテルがたくさん掲載されていました。私の常宿は、ロンドン中心部の中東人がフロントにたむろする薄暗いB&B（民宿）でした。そこは、コインを入れると三十分は暖かいガスヒーターで暖が取れる、見知らぬ日本人同士が集まる情報交換の場だったのです。

「皿洗いの友達が摘発されて強制送還されたらしい。朝突然、役人が来て連れていかれたってよ」

「うちのユダヤ人夫婦は人使いが荒いから、エージェントに頼んでイギリス人家庭を探してもらってるの」

一旅行者だった私は、うらぶれた宿の一室で彼らの話を聞きながら、私は来週日本に帰るけれど、この人たちの将来はどうなるのだろうと心配しつつ、何としてもイギリスに住もうと奮闘する彼らを心底うらやましく思ったものです。

「日本に帰りたくない。帰ったら最後だ」

みんな、口々につぶやきながら、早朝から深夜まで食うや食わず、安い賃金でレストランの下働きに励みます。誇張ではなく、あのころ世界の主要都市では、立身出世の意欲をみなぎらせた若者たちがそこら中にいたのです。

外務省の「海外在留邦人数調査統計」二〇〇七年版によると、世界の在留邦人は約百六万人でした。その内訳はアメリカ約三十七万人、中国約十二万五千人、ブラジルとイギリスが約六万人と、海外に住む日本人は人口の約〇・八パーセントであることがわかりました。

割合からすればごく一部の人になりますが、その中には現地国でひとかどの財をつくった人も多く、始まりは無一文の皿洗いからスタートしたというケースがほとんど。欧米の勝ち負け社会を裸一貫で生き抜いてきただけに、日本人でありながら歯に衣を着せない物言いに圧倒されますが、苦労した日本人特有の温かさも感じるのです。

なかには定期的に日本に里帰りする人もいるので、会って話すと、日本はこのままでは沈没してしまう、今の日本や日本人が情けないとする声が圧倒的です。日本は十年以内にアメリカの子分になるか、中国に従うか、決断を迫られるはずだと。

いわく、東京に滞在しても、ロンドン、ニューヨークで感じるような鋭いエネルギーを感じない。学生たちはただダラダラと友達とダベり、電車に乗ったサラリーマンはケータイにしがみつくか、隣の人にもたれかかりながら爆睡している。この脱力感に満ちた日本の姿は、テレビのタレ流しバラエティにも通じる。なぜお金をかけず、知恵も絞らず、意味もなく大声を張り上げる芸人たちに公共電波を乗っ取られているのか。

たまたま話していたホテルのロビーで、年金紛失問題のニュースを見たロンドン在住の会社オーナーは、「お役所日の丸とはいえ、日本人はよくここまで放任できるな。ヨーロッパなら担当役人はとっくにクビだ」と怒り出しました。

私もおかしいとわかっているけれど、言い返せないジレンマに、それならイギリス政府は国民の年金を紛失しないのかと逆に詰め寄りました。ところが彼は、何度か「ない」と答え、最後に「どう考えても起こりえない」と断言しました。

個人の権利を等分に認める欧米では、自分が生きたいように生きることを前提に、みんなが幸せな人生のゴールをめざします。ところが、なかなかそこに到達できない。どんなに努力してもなかなか夢はかなわない。それが人の世の定めなのです。そこを基準につくられた社会は、たしかに自然界の摂理にのっとっています。人間（ヒト）は昆虫や牛、豚などの動物と同じ、弱肉強食の世界で生きている。これは普遍的な価値観でもあるからです。

それに逆行するような日本人の助け合う美徳は、この三十年間のうちにますます曖昧《あいまい》になって、もたれ合うぬるさだけが際立ってきました。その結果、物事の善《よ》し悪《あ》しすら判別できない人があふれ返っているのです。

そういえば、フランスで商社を経営する日本人社長に、日本に広がるオレオレ詐欺がフランスでも起きているのかどうか尋ねたとき、彼は「絶対ないですよ」と噴き出しました。「こっちの親は大人になった子どもが、金に困ってるから振り込めなんて言った日には『ふざけるな！　自分で何とかしろ』とまともに取り合いませんから」と、オレオレ詐欺は親子がもたれ合う日本特有の犯罪だと指摘したのです。たしかに成人すれば親も子も独自の道を歩む個人主義の欧米で、子が親に金がないと泣きつくことなどないでしょう。日本でこのような事件が横行するのは、身内依存が極端になっていることの表れです。

グローバリゼーションの洗礼をいち早く受けた海外に暮らす日本人は一様に、今の日本人の脱力感はとどまるところを知らず、誰も責任をとらないように生きていると嘆きます。

敗戦によって崩壊した倫理観を立て直す術もなく、海外で聞く母国のニュースは、混迷する政治と偽装を繰り返す役人のこと。そして企業の汚職やごまかしに対し、自浄作用を失った祖国の姿なのです。

ところが、そんな今の日本を批判しつつ、「いつかは帰国したい」と答える人も意外に多いのです。その理由を問うと「やっぱり楽だから」と、単純な答えが大半でした。

アメリカの大学で二十年近く研究員として働いた九州出身の夫婦は、大学側から出た教授職の打診を断り、日本に戻ってきました。

この夫妻とは、帰国して三か月間、マンションの隣人として親しくおつきあいしたのですが、引っ越してきた当初は、「日本のテレビはくだらない、映画やコンサート料金も高い、無能な政治家ばかり」と、会えば日本の悪口ばかりで、ときには気分を害することもありました。

数か月たったある日、私は思い切って妻が一人のときに、それならなぜ、この国に戻ってきたのかと尋ねました。すると妻は、「日本には健康保険があって、いつでも病院にかかれる。アメリカでは低所得者は保険を掛けられないから、盲腸になっても手術できない」と言いました。

もちろん、彼らはそれをカバーする経済力はあったものの、みんなが平等の民主主義、自由の国と言いつつ、治療が受けられず死んでいく人々を見たとき、日本が大騒ぎしている格差は、世界規模でみればたいしたことではないと思ったそうです。

調べてみると、アメリカの健康保険制度は自己責任による民間会社への個人加入が基本で、保険に入っていなければ高額な医療費を請求されてもしかたがないと突き放されます。

さらに、まじめに保険料を納めていても、いざというときに使えないことが多く、収入が低くて保険に加入できない人も、加入した人も、結局は保険が使えず高額な医療費を支払うはめになるのです。マイケル・ムーア監督の映画『シッコ』では、悲惨なアメリカ式医療の実情が浮き彫りになっていました。

アメリカでは、生後一年以内に死亡する乳児の数は一千人当たり六・五人で、キューバの六・三人より多いといわれています。とくに黒人の貧困は深刻で、成人を含めた場合でも、糖尿病で死亡する率は白人の三倍、エイズで死亡する率は白人の二十倍にもなるのです。

多くの成功者の陰に、絶望的な状況に追い込まれている人間が数え切れないほどいる極端な〝弱肉強食社会〟の現実。それは、二〇〇五年にハリケーン・カトリーナが発生したとき、ニューオーリンズの人々が「ヘルプ！」と泣き叫んでいたニュースの映像からもわかります。あれだけの軍事力を誇るアメリカが、洪水によって取り残された人々を救出するどころか、一日たっても満足な食料や薬すら届けられないのです。

力のある人はいい。アメリカでは上をめざして走りつづけなければ、ドロップアウトしたときよる術がない。でも日本なら、窮地に追い込まれても誰かが助けてくれる。親か、親戚か、友達かわからないけれど、命まで失うことはない。

切々と訴える妻は、「医療だけじゃない。実際、日本に帰ってきてほっとしたのは事実なの。日本人は義理堅くて、人がいいから」と、安堵《あんど》の表情を見せました。

私たちは明治維新で近代化を実現させ、はるばる西洋に学び、政治、産業、医療などあらゆる分野を目覚ましく進歩させてきました。けれど、それは誰の押しつけでもない「この国をよくするんだ」という志士らの情熱によってです。ところが、今の国際競争は、参加しなければ取り残されるという「引きずられ型」で展開されています。たとえグローバリゼーションが日本人の肌に合わないと感じていても、アメリカや列強国と歩調を合わせなければ日本は破綻すると、理詰めでわかろうとしているのです。

　でも、本当にそうでしょうか。確信のない戦いに未来はありません。私たちがこのような違和感を今ひとつふっ切れないのは、日本人は日本人なりのやり方でここまで来た。世界一の経済大国になった。たとえ、二番手になろうが十番手に転落しようが、日本独自の歩み方を世界の潮流に呑《の》まれたくないという意識が、心のどこかにあるからではないでしょうか。

　国連大学世界開発経済研究所は二〇〇六年、世界の成人人口のうち最も豊かな上位一パーセントが世界の個人総資産の四〇パーセントを保有するとの報告書を発表し、世界の富の偏りと「格差」の大きさをあらためて浮き彫りにしたのです。

　上位一パーセントに属する人の居住国はアメリカ（三七パーセント）と日本（二七パーセント）がとくに多く、イギリス（六パーセント）、以下西洋諸国が続きます。

　弱肉強食のアメリカに、互助精神で上り詰めてきた日本が続くこの調査結果は、相反する文化をもつ二つの民族が、世界のトップに君臨していることを表しています。

決定力に乏しく、お人よしで、すでに倫理観も哲学も失っているといわれる日本人。欧米人から見たらつかみどころもなく、理解しがたい東の果ての島国に住む国民が、独自のペースでここまできて、今なおその地位を維持しているのです。

私たちのもつ「和」の力には世界の人がまねできない、日本人ならではの天性が詰まっています。そして、その符号は、私たちの背中に貼りついているもの。たとえ自分たちには見えなくても、この国最大の資産だとつくづく思うのです。

おわりに

Epilogue

日本の中で生活していると、自分たちが世界的レベルにおいてどのように評価されているのかわからなくなります。

あまたの日本人論が話題になっているのは、失われつつある日本人らしさがいったいどのようなものだったのか、もう一度見直したい社会的気運の表れではないでしょうか。

本書を書きながら、在日外国人向け媒体を立ち上げて以来、出会った多くの外国人の、日本や日本人に対する反応を思い返しました。多国籍企業で働く欧米人のビジネスマンから、無銭旅行で地球を一周したというバックパッカーまで「あなたにはわからないだろうが、日本人は世界中の人々と比べて本当に特殊。私たちには理解できないことが多すぎる」——Japanese are so unique——と言われつづけたときの気持ちがよみがえってきたのです。皮肉なことに、彼らが理解できないもの、それが日本人の世界観だと気づいたのは、ずいぶん後になってからのことです。

欧米人の多くはわからない日本人に困惑し、格闘しつつも、しだいに日本びいきになっていきます。そのような様子に、日本には私たちが気づかない（あるいは見落とした）魅力があるにちがいないと思ったものです。

それがいったい何なのか——欧米人が惹《ひ》かれ、驚き、私に問うてきた事柄をもとに、日本人が背負ってきたさまざまなしがらみ、良識、可能性を書きすすめたのが本書です。

明治以降、西洋に追いつこうとしながらも、日本人は独自のルールを捨て去ることができませんでした。アメリカ主導の市場経済に足踏みするうち、日本は年収二百万円以下の低所得者が一千万人を超え、その一方で年収一千万円超の人が増大するという一級格差社会となってしまいました。それでも日本人は平等意識を捨てきれず、現実との狭間《はざま》で閉塞《へいそく》感を募らせているのです。

もともと「和」を大切に一億総中流を達成した平等意識の強い日本人は、サミット参加国の中で唯一、特異の文化的背景と価値観をもっています。ところがアメリカをはじめ西洋の価値観がもとになっているグローバル化の波を受けてからというもの、私たちの暮らし向きは一変しました。とくに日本を子分と見なすアメリカは、欧米諸国に囲まれサミットに参加する日本に対し、アメリカ型価値観でとやかく注文をつけてきます。

勃発《ぼっぱつ》するすべての摩擦はここから始まっていました。

論理で動く彼らには、日本人の価値観がさっぱり理解できません。仮面をかぶったような表情、曖昧《あいまい》な返事。命を賭《と》して会社に仕える生き方など、本書で紹介した事例は、欧米人の日本人に対する謎《なぞ》をさらに深める結果となりました。

ところが、「わからない」と言いつつ、欧米をはじめ世界は特異な日本を認め、つねに注目してきました。

それは日本人が最後の一点で日本人であることを放棄しなかった結果だとも思えるのです。今でも海外に出ると日本人が想像する以上に、日本の評価は高いのです。

ところで、弱い者を切り捨て、富める者が巨額の利益を獲得するアメリカ型の価値観に苦しんだのは日本だけではありません。

ヨーロッパでも今、グローバリゼーションをこのまま推し進めていいのか、各国で見直しが始まっています。イギリスもフランスもアメリカから一歩離れて、人種、自然環境、伝統を大切にしつつ経済発展を続けてきたヨーロッパらしい生き方を取り戻そうとしています。この背景には日本と同じ、企業が利益を上げるため、東欧など人件費の安い国に労働力を求めた結果、どんなに働いてもまともな生活のできないワーキングプアが増えたことがあります。

もう一度原点に立ち返る。この発想が欧州企業の評価を押し上げました。ヨーロッパでは環境や人権などに配慮した企業に投資する社会的責任投資（SRI）が広がり、米ダウ・ジョーンズが算出するSRIがらみの運用資産がついに五十億ドル（約五千三百億円）を突破しました。もともと環境や人権対策を大切にしてきたヨーロッパ各国の企業を世界の投資家が高く評価したのです。

排ガス規制に乗り出し、梱包《こんぽう》資材を見直し、スーパーなどのビニール袋を廃止する。また、障害者や高齢者を進んで雇用するなど、企業が社会的責任を全うする姿勢こそ、安定した経営の根拠になると考えたからです。

ハゲタカ投資家にはまねできない地道な努力と社会性。これからの時代に問われるのは、資本力ではなく企業の姿勢、そして、その国らしい生き方ではないでしょうか。

日本人はヨーロッパの人たちに比べ、環境問題や人権には疎いといわれます。たしかに内向き傾向のある私たちは、率先して行動を起こすことはしませんが、欧米のいいところをどんどん取り入れ、改良していく才覚があるのですから、今後、アジアのリーダーとして社会的責任企業を育てていけるはずです。

そのような「善《よ》きもの」を日本人に示し、ベクトルを修正してくれるのが外国人の視点ではないでしょうか。

ふだんはおとなしそうに見える日本人の生活テンポは速く、先進国の欧米人から見てもとてもせっかちです。以前、北欧から視察で東京を訪れたノルウェー人の研究者が「日本人はエレベーターで待つ数分が耐えられず、何度もボタンを押すのですね」と、日本人の待てない性質を指摘していました。

三十年ほど前にモスクワのレストランで日本人団体客のガイドをしたロシア人は、「食事を注文したあと、三十分もかかると苛立《いらだ》つ日本人の機嫌をとるのが大変だった」と、話していました。

「こんなのろまなレストランは日本では考えられない」と、激怒され、それ以来、この店ではあらかじめ作り置きした料理を日本人に出すようにしたそうです。一分一秒グズグズすることに耐えられない日本人は、「早くできるものは何?」とメニューも見ずに店を急がせる傾向があります。ふだんは我慢強く礼儀正しい日本人の意外な一面に、欧米人は不意打ちを食らったように驚きます。

ところが、そのようなせっかちな日本人が、上流階級が存在するヨーロッパに出向くと、TPOの大切さに気づき、マナーを改善してしまうのです。

いつの世も、私たちは西洋の動き、西洋の声を参考に日本人としての自信、価値を積み上げてきたことを忘れてはいけません。

自動車部品を販売する日本人経営者が、スウェーデンで最も環境問題を考えるボルボのお膝下《ひざもと》、本社のあるイエテボリを訪れたときのことです。彼は空港に着くなり仰天したそうです。あろうことか、空港内のショーケースにはトヨタの新車が堂々と展示してあったからです。

この日本人経営者はそのときのことを今でも忘れられません。同行したイタリア人に「商売のためとはいえ、何とえげつない。あれは豊田市の駅にボルボを展示するようなものだ。日本人はプライドがなくなったのですか。ここの人々はボルボで生活しているも同然。そんな心を踏みつけにしている」と批判され、その言葉がことあるごとによみがえったからです。

彼はそれ以来、金儲《かねもう》けするにも、自分は社会に何を還元できるのか。この仕事は本当に世の中の役に立つものなのか問いつつ、会社経営をしているそうです。

この経営者のように、ひょんなことから自分を支えていたはずの「共存する精神」に気づき、原点に揺り戻されたことは私にもあります。

二〇〇七年秋にユニクロがロンドン随一のファッションストアの激戦区、オックスフォードストリートに大型店を開店しました。そのとき現地に出向いた私は、向かいのGAPのマネージャーが、「自分を雇ってくれ」と早々にやってきたと聞き、なるほどと思ったものです。定時になれば客が買い物中であっても平気でシャッターを下ろし、従業員が帰ろうとするイギリスで、ユニクロの接客はずば抜けて見えたからです。

秀でたサービス精神のもとは、客を満足させ、自分たちも潤う、一方通行ではない日本的な商《あきない》でした。イギリスで苦戦しながらも、ユニクロは和の心意気を同業他社にまで示したのです。

これが日本だ——日本国のパスポートを持って海外に出向くたび、私も明治維新を果たした志士のように「I am Japanese」と繰り返します。

それは自分のアイデンティティの証明であり、誇りでもあるのです。

今では私たちが共有する有形、無形の「和」の力はなくなりつつあるものの、私たちの背中にある脈々と受け継がれてきた「善きもの」は世界の人に見えるはず。

そう信じて世界へ飛び立っていくのです。

文庫あとがき

本書が刊行されてわずか二年半で日本はさらに変貌した。

自民党一党の政治が終わって政権交代を果たしたものの、リーマンショック以降、世界中が財政難と不況に見舞われる中で、気がつけば世界の工場、中国がアメリカに次ぐ経済大国となり、日本はついに二位の座から転落した。

派遣切り、内定取り消しなどで、若者はもろに社会の弱者にカテゴライズされ、日本は先進七か国中唯一、十五歳〜三十四歳の若い世代が自殺によって命をおとす国となってしまった。今や中高年の鬱ばかりでなく、若年層の心の対策も社会の大きな課題となっている。

将来への不安、逆境への弱さを作り出している根底には、信じられる、核たるものが次々に姿を消している現実がある。

かつては若者の憧れだったアメリカへの留学も、インド、中国が年間十万人前後、韓国も後を続いているのに、日本は一四％（前年比）減のわずか三万人となった。ネットを開けば海外の出来事は瞬時に分かる。だが、異文化の壁を超えて、人と向き合う経験はできない。

私は十九歳で初めてイギリスを目指した。

そして、幼少から憧れを募らせてきた西洋の中で、自分がアジアに属する東洋人だと知った。日本人がヨーロッパの人々の出身国を判別できないのと同じく、西洋社会にいると、私は中国人であり、韓国人であり、マレーシア人だと思われた。

ひとたび世界に出れば、日本で誰もが知る著名人も、経営者も、政治家ですら、名刺を渡そうが、社会的地位を声高に述べようとも、人と渡り合う決定打にならない。つたない英語でも誠実さやユーモアがあり、品格ある立ち居振る舞いを身につけた人が認められる。

それが次第に分かってくる。

たとえ東大を出たと言ったところで、世界に出ればハーバードほどの知名度もないのだから。

自分は何者でもない、自分自身なのだ。
そして他でもない日本人なのだと知ること。
それが海外に出るということだ。

数年前、中国のショッピングモールで服を買おうと品定めしていると、店員が胸を張って「いいでしょ。少々高いけど韓国製ですからね」と、薦めてくるのに驚いた。中国の人々がフランスやイタリア製ではなく、韓国製に価値を置くと初めて知ったからだ。

同様に、イギリスと日本を行き来するうち、最近ますます「ジャパニーズ」もしくは「メイド・イン・ジャパン」という日本ブランドの価値の凄さを実感している。日本でも、「この服、やっぱり日本製だから縫製がきれいだわ」とか「日本製の食器が一番安心」とか「肉や魚は高くても安心だから国産を食べる」など、欧州のスーパーブランドが下火になり始めた時期と並行して日本製を見直す人が増えてきた。

大阪で金型を作り続ける町工場の社長さんは、「いかに中国が経済成長を遂げても、個々の技術では日本と比較にならない」と、おっしゃった。ところが、日本の役人は何が成長産業かも分からず、手を差し伸べない。よって精巧な技術を蓄えた瀕死の町工場は、次々と中国に買収されているらしい。

同じことは古美術商の間でもささやかれている。最近では中央線のアジアと呼ばれる西荻窪の骨董店でも、中国人が（食器など）値打ち品をまとめて買っていくという。

私たちが内向きになり、沈んでいく間に、価値ある日本の——人、モノ、環境を他国がかっさらっていくとしたら、こんな馬鹿げたことはない。

私たちには有形無形の長い年月の間に培ってきた資産がある。これも外から日本を見ることで実感した。

二〇一〇年、日本中が湧いたワールドカップでも、対戦国は日本代表の組織力——和のちからに舌を巻き、撃沈した。スクラムを組み、最後の決戦に挑まんとする選手たちの背中からは、集中力、信念、そして仲間への強い信頼がみなぎっていた。

彼らはサッカーを通して世界中に日本の組織力を示した。

ここから大きくなったのだ。

日本はまだいける。

いや、グローバリズムの中で一度は見失った日本人本来の資質こそ、私たちの能力であり、宝だったのだと皆が気づかされた。

もしかしたら私たちは岡田ジャパンに声援を送ったのではなく、あの一戦一戦に日本人であることの大きな価値を改めて見いだしていたのではないか。

信じられるものはまだある。

それは私たち一人一人の中に眠っている。

本書がそんなメッセージの一助になれば嬉しい限りだ。


文庫化にあたっては、阪急阪神百貨店をはじめ、常に百貨店と文化を考えていらっしゃる、エイチ・ツー・オー リテイリング(株)代表取締役会長 兼 CEOの椙《すぎ》岡俊一《おかしゅんいち》氏に解説をいただき、嬉しい限りです。また、集英社文庫編集部の山本智恵子さんには、表紙や校正など細部にわたってお世話になりました。

両氏にはこの場を借りて心よりの御礼を申し上げます。

二〇一〇年秋　武蔵野にて

井形慶子

解説

椙岡俊一

今回文庫化された『日本人の背中』。井形さんの今までの本や、英国をテーマにした他の書籍もそのほとんどが「英国はいかに素晴らしいか」ということに重点が置かれており、読んでいて素直に「なるほどその通り、素晴らしい」と思うと同時に、日本は駄目だなという悔しい（？）思いをしていた。

しかし今回の『日本人の背中』は、欧米から見た日本人がテーマである。井形さんにしては珍しい。不思議大国ニッポンであるのだが、それでもうらやましいとか、魅力的だとか、我々が当たり前と思って行動していることで意外と日本人は評価されていると気付かされる。その根元にあるのは日本人のもつ「和」の精神であり、これは世界の人が真似できない日本人ならではの天性の資質ということである。と言っても「なかなか日本人も捨てたものじゃない」と素直に納得しているだけでは駄目なのであり、そんないいところは残しつつ、国際人として認められるにはどこをどう修正すべきなのかが述べられている。

第1章の「欧米人のうらやむ日本」では、「ひたすら西洋を仰ぎ見て、日々の暮らしを進歩させてきた私たちですが、日本人が取るに足らない普通のことだと思っている暮らしぶりを、欧米人は高く評価しています」として、欧米人から見た風呂・日本食・居酒屋等を紹介している。トロイアの遺跡発掘で知られるハインリッヒ・シュリーマンが、幕末の日本の美しい生活風景を描いた『シュリーマン旅行記　清国・日本』を彷彿とさせる、日本人として嬉しくなる書き出しだ。いずれも欧米人から見た日本人のライフスタイル賞賛論だ。書き手（ドイツ人と日本人）と時代が大きく異なるが。

しかし第2章以降、「欧米人の不思議がる日本」「自信のもてない日本人」と、日本人としてちょっと困ったタイトルが続き「日本人が尊敬されるために」そして最後に「これからどうなる日本人」で締め括られる。

企業経営者である私にとって特に印象的だったのは、「欧米人の不思議がる日本」の中の「長いものに巻かれると強くなる」の考察である。

駅で流れる「電車が来ます、白線まで下がってください……」乗ったら乗ったで「携帯の電源を切れ、暑くなったら窓を開けろ、電車に乗るだけでこれだけ指示される国はない」と外国人はあきれる。

また、日本人は個人になると、てきめんに弱くなるという。

「一見、依存症に見える日本人は、裏返せば長いものに巻かれ、かなわぬ者に対しては、摩擦を避けるため従順になる……日本人の『芯のない協調性』が、ガイダンスだらけの街やたくさんのルールをつくり出している……競争社会になると、他人の意見に影響されやすい日本人特有の依存体質が障害になるということは、誰もが認めるところです。企業の年功序列はとっくに崩壊し、特殊技能をもち、即戦力となる人材を会社は欲しているのです。長いものに巻かれろ式の『長いもの』も危うくなっているのですから、うかうかできません」

「欧米人は無能な上司の下につくと『チャンスだ。追い越してやれ』と、がぜん張り切るのですが、依存心の強い日本人は『上司のせいでやる気が失せて働く意欲がもてない』と、不満を募らせ会社を辞めていきます」

「若者の多くは、上司が『仕事を教えてくれない』『話を聞いてくれない』と勝手に絶望し、『この会社に将来性を感じない』と、理想郷を求めて転職を繰り返していきます」

いわゆるリストラを日本人は会社に裏切られたと感じ、アメリカ人はもっといい会社を探すチャンスと捉えるということだ。

「日本人は家族のため、お国のためなど、誰かのために働くときには……使命感で強くなり、集団になったときは……底力を発揮する……けれど一個人になると弱いうえ、家庭・会社・共同体など」、いわゆる準拠集団が崩壊しつつある現在の状況では、「どこにも大義名分が見つけられず骨ヌキになったといわれます」

「日本人は欧米人に比べ、個人より団体になったとき、本来の力を出しやすい特性をもっている」という。

また、日本人は協調性に秀でた国民であり、おいしいものは近所におすそ分け、「私」より「みんな」、そこから震災、敗戦を乗り越え、最強の組織、家庭、会社を作りだしてきた。だから言い換えれば「長いものに巻かれる文化」もなく、皆が張りあっていたならば、日本は一億総中流もなく、一握りの金の亡者が多くの貧乏人を操る国となり今の発展はなかった。無理やり一人になって競うより、信頼に足る「長いもの」を再生することが日本人の底力を引き出す上で有効ではと思う、と井形さんは言う。

つまり日本人の特性を踏まえた時、個人の力を有効に引き出し最大限の力を発揮させるためには「巻かれるに値する長いもの」が必要だということだ。使命感を引き出し、心を一つにする「長いもの」。

ここで思うことは今の日本で、「信頼に足る『長いもの』」とは何か？

また企業経営者としての私自身が考えなければいけないのは、我が企業グループの「信頼に足る『長いもの』」とは何か？

今日の日本が長い停滞から抜け出せない最大の原因は、欧米的価値観と日本的価値観との狭間で、日本人自身の価値観が揺れ動いていることにあると私は考えている。今回の井形さんの著作は、改めて日本人であることの意味を考えさせられる一冊であった。

（エイチ・ツー・オー　リテイリング（株）代表取締役会長　兼　CEO）

本作品は二〇〇八年三月、サンマーク出版より刊行され
文庫化にあたり一部改稿いたしました。

本文デザイン／成見紀子

井形慶子の本

運命をかえる言葉の力

文字には人の心に深く届く不思議な力がある。30年間一人の男を支えてきた一枚のメモとは？

英国式スピリチュアルな暮らし方

合理的な生活よりも、目に見えないものを信じ魂を癒してきたイギリス人の伝統・知恵に迫る。

イギリス人の格

「今日できること」からはじめる生き方

日本の経済不況は、解決を先延ばしにしたツケか？「まず行動」の英国人の生き方にヒントが。

集英社文庫

集英社文庫

日本《に》本《ほん》人《じん》の背《せ》中《なか》 欧米人《おうべいじん》はどこに惹《ひ》かれ、何《なに》に驚《おどろ》くのか

2010年10月25日 第1刷
2010年12月14日 第3刷

定価はカバーに表示してあります。

著者 井形慶子《いがたけいこ》
発行者 加藤 潤
発行所 株式会社 集英社
東京都千代田区一ツ橋2-5-10 〒101-8050
電話 03-3230-6095(編集)
03-3230-6393(販売)
03-3230-6080(読者係)

印刷 中央精版印刷株式会社 株式会社美松堂
製本 中央精版印刷株式会社

フォーマットデザイン アリヤマデザインストア マークデザイン 居山浩二

ISBN978-4-08-746627-0 C0195